人生的历练，感情的沉淀。谨以此书献给我关爱的家人和朋友，愿他们品味。

This is due to my lifetime experience and profound affection accretion. I hereby dedicate this book to my beloved family and friends for their deliberation.

海外印记

The Impressions Left on Me Overseas

王平洲　著

中国海洋大学出版社

·青岛·

图书在版编目（CIP）数据

海外印记 / 王平洲著 .—青岛：中国海洋大学出版社，2015. 3

ISBN 978-7-5670-0876-2

Ⅰ. ①海… Ⅱ. ①王… Ⅲ. ①游记—国外 Ⅳ. ①K919

中国版本图书馆 CIP 数据核字（2015）第 053381 号

出版发行 中国海洋大学出版社

社 址 青岛市香港东路 23 号 邮政编码 266071

出 版 人 杨立敏

网 址 http://www.ouc-press.com

电子信箱 1079285664@qq.com

订购电话 0532-82032573（传真）

责任编辑 孟显丽 电 话 0532-85901092

印 制 青岛海蓝印刷有限责任公司

版 次 2015 年 4 月第 1 版

印 次 2015 年 4 月第 1 次印刷

成品尺寸 170 mm × 240 mm

印 张 14.75

字 数 211 千

定 价 36.00 元

Foreword

写在前面

20世纪六七十年代出国对我来说那是做梦，特别是去西方国家，那是连梦都不敢做。但那时中国与亚非拉国家交好，经常要去履行崇高的国际主义义务，我这才于80年代初不但走出了国门，而且飞出亚洲走进了非洲，去坦桑尼亚为中国医疗队做了两年的英语翻译。两年工作期间的酸甜苦辣自不必说，单就两次自驾车出游的涉险和奇遇也让我刻骨铭心，始终想留下一字片语来追忆那奇异的亲历和深厚的中坦友谊。

1987年，我从烟台师范学院调到青岛远洋船员学院改行教了航海英语。在世纪之交我乘远洋货轮上船实习了三个月，做了一次渡太平洋、穿巴拿马、闯加勒比、过密西西比的美国之航。三个月的海上航行经过和陆上亲历，光航海日志我就记了足足三大本，总觉得不将其整理出来实在是可惜。

这便是出版《海外印记》的初衷。

后来，随着国人出国大潮的兴起，我又陆续出游了几个国家，开了眼界，长了见识。

1998年我做了一次泰国游。到泰国，我就感到很多事“不可思议”。有些女人去红灯区闯生活，而有的男人竟变人妖也招摇过市做职业；泰国小孩不准摸其头，说摸了是不敬、是晦气，而咱中国人是亲那个孩子才摸他的头呢。还有一件不可思议的事：湄公河的河水那么浑浊，但恰恰那种河水洗出了泰国美女。

我去过越南两次。第一次是随摄影团经陆路走当年的胡志明小道。那路是又弯又窄，让那个越南司机晃得晕了车。第二次走水路，说去那里过春节。结果，除夕夜差点连饭都没得吃，因为人家饭店都打烊过自己的春节了。印象中，越南村庄的最好建筑物是学校，重视孩子教育的民族就必有前途！另一件印象深刻的事是：越南人十分爱惜钱币，从不把钱皱褶。有此良好的习惯也十分难得！一导游当着我的面吹捧说：你们中国现在比美国都厉害！我也直言不讳：中国比美国还至少差20年，而你们比我们中国也至少要差20年。那可能是2001年那次说的。

2004年去日本。我看到，日本虽然国小房屋也小，国土开发的程度却不小。城市自不必说，连马路的角角落落都修整得齐齐整整，几乎没有个死角；在那儿四五天，想听一声汽车喇叭声都听不到；垃圾车干净得根本不相信那是运垃圾的。农村反倒比城市更洁净，那幢幢富于特色的农房不亚于城市的楼宇。可这样精明的一个民族，有小部分政客怎么就长期和中国过意不去？从倭寇到日本鬼子，在中国人心里留下长长的伤疤！难道他们就具有两面性？外表点头哈腰，内里居心叵测？难道就嫌自己国土太小，非要觊觎中国辽阔大地？尽管1937年南京大屠杀时据说广岛不少人在彻夜狂欢，然而看了广岛被原子弹轰炸的惨相也不由得同情他们。但就在我们参观现场的那天，不远处一帮日本小学生在嗷嗷喊口号。那气势和呼喊的语气，使我在那里想了很久很久。

古语说：读万卷书，走万里路。我这一生万卷书没读得够数，可万里路走得只多不少。光是中学六年走读就不下万里，那算是求学励志。另一种是去海外工作、船上实习及出国探亲旅游的万里行。这的确让人大开眼界、大长见识，但有时也会眼花缭乱。去海外开眼界太宽，光看到外国的长处就容易“崇洋媚外”而“自弃”；开得太窄，光看人家的不足就会“夜郎自大”而“自闭”。

2008年去英国，就想把20世纪60年代生吞活剥的那些英文词儿和文学作品中读到的那些人和事儿具体化、形象化。无论是在泰晤士河畔，还是在苏格兰大地，还是在莎士比亚故居，都能引起文字的拾遗和文化的追思。看到这老牌帝国厚重的文化积淀，不禁感慨，难道中华五千年历史文化还不能与之比及？！但当看到大英博物馆里摆放的从我们中国窃取的文物，又不禁对他们曾经的侵略行为所不齿！

记得1972年尼克松访华时，我听他英文祝酒词里有这么一句："The American people are a great people! The Chinese people are a great people!"当时认为：我们中国人民因为勤劳勇敢，是当之无愧的伟大民族。你们美国人凭什么也自称为伟大民族？在我航行去美国的船上、在船抵达美国的码头和岸上，看到不管是亚裔的、非洲裔的还是白人美国人一丝不苟的敬业精神，才佩服美国人民也是伟大的民族。还有第一次去美国西雅图，住的那家不像样旅馆、看的那脏乱旧街道、吃的那不合胃口饮食，差一点勾不起我再去美国的兴趣。但第二次去洛杉矶和旧金山后才去除了我的一些偏见，觉得美国之所以在世界有话语权，还是因为它经济底子厚实。

去北欧四国，觉得这些老牌欧洲国家的高度科学发展和精神文明都有其历史渊源。但它们都国小人口少，人均收入多，福利待遇高，我们暂时无法仿效和比肩。

有两个国家特让我感兴趣：一个是古巴，另一个是俄罗斯。之所以对这两个国家感兴趣，主要是它们与欧美国家有很大的不同。

古巴这个国家虽小，却曾几何时几乎引动核大战按钮而掀起世界最大风波。1960年代，"Cuba, yes! Yankees, no!"("要古巴！不要美国佬！")响彻中国大地。有幸去此国度一游，终于揭开了其神秘的面纱。原来它既具有天然风情的本土美，又具有丰厚历史遗产传承的西方美。我希望大家都去古巴看看，那是个非常值得一看的国度！

俄罗斯，这个星球上地域最为广袤的国家，有着辉煌的过去，也一直有不甘落后的现在和未来。我们这一代曾穿过苏联衣、哼过苏联曲、着过苏联迷(迷过苏联小说和电影)的人都留有一个苏联情结，俄罗斯人清楚知道这一点，所以去了就会得到满足。

有了这几层不同的游历，使我与不同国家的历史文化有了对比。西方的工业化历时上百年，我们的伟大复兴只不过才几十年。中国当今的每一项大手笔，令国人为自己的快速崛起而自豪，引起世界瞩目。于是更想启封延续 30 多年的“管见拙识”，编个集子，既可了却自己的心愿，又可分享给亲友或以飨读者。

写此书时，幸亏有大量照片帮助回忆，但 90 年代以前的都是底片冲洗的，只好扫描翻拍下来，效果欠佳。即使以后有了电子版的，也因个人摄影技术欠佳，效果一般化。希谅解。

本书在编写过程中一直得到知名作家、我的挚友张捷世老弟的指导和校正，并不惜挥毫为本书题写了书名，在此特表衷心的谢意。对中国海洋大学出版社垂青出版，谨致谢忱。

目录 Contents

UNIVERSAL
STUDIOS

壹 坦桑尼亚两年记

1980年8月至1982年8月，我在坦桑尼亚给中国援坦医疗队做翻译两年。两年的工作经历，我无法忘记；两年的异国他乡酸甜苦辣经历，我不记下来后人无从得知。那也是我有生第一次走出国门，是一段值得一提的不凡阅历……

中国是从1968年开始向坦桑尼亚派遣医疗队的，当时正值坦桑尼亚疾病肆虐，医护人员和医药器材都十分匮缺。医疗队员最初的规模达83人，每两年轮换一次。1970年第一批去轮换的翻译中有4人是当时烟台师专（现称鲁东大学）的英语教师。1980年这批轮换的有40多人，我是从烟台师专应急召去作替换的。中国援坦医疗队实是山东医疗队，因为医务人员大都来自山东各地医院，翻译也多是调自山东各院校的英语教师。我去前的十多年，我们的医疗工作是从药品到器材、从吃住到服务一律无偿援助的。刚巧从1980年这一批，无偿变有偿，坦桑尼亚政府支付伙食费和一定的服务费，出国人员的待遇提高了。但这并非是我这次出国的动机，其实我是到了坦桑尼亚以后才获知这一变化的。之前听出过国的同事所说的，都是这份差事很艰苦：来回要坐船在海上漂泊半个月，晕船吐得一塌糊涂；生活差工作苦，还要下乡巡回与当地人“三同”共甘苦；出国时间长，想家滋味难受。但那是讲奉献至上的年月，“胸怀祖国，放眼世界”支持亚非拉是崇高的国际主义义务。再艰苦也要去。

飞出国门

1980年这批出国人员名单早在春天就定好了，只因其中一个翻译是烟台卫生检疫所的，经考察并非英语科班而只认识几个卫生检疫英语单词，山东卫生厅才紧急到烟台师专求助。由于我曾错失三次出国机会：1975年山东莱西南墅石墨厂赴斯里兰卡考察项目因撤销而未果、1976年转派去坦桑尼亚和1978年去尼泊尔都因家庭负担过重而未去。这次被党组织推为首选，限令在三天内作决定。我当时还未给毕业班出完考试题，便急忙从烟台回青岛老家与父母辞行，老父亲连“出国”还是“出阁”还没听清楚，又转道将刚回

到即墨的岳母请到烟台。什么都没准备好就轻装简行急匆匆撇家舍业赶往济南。即便如此，人家都已经在济南珍珠泉礼堂开始培训好几天了。每批医疗队员在出国前都须先集训一个月，医生主要是进行斯语培训，因为尽管英语也是坦桑尼亚的通用语言，但普通老百姓讲的是本地语言——斯瓦希里语。对翻译来说，还要准备医学英语。英语教师也就知道几个普通的英语病名和药名，要做医学专职翻译那是远远不够的。其他翻译3个月前就着手准备了，而我的所有准备只有不到1个月的时间。在置了装（公派出国人员统一着装）、拍了照（临上飞机前拍的“生死离别”留照），我们便于1980年8月22日22时45分，从北京首都机场乘坐中国民航9992号航班，飞越了弯弯曲曲的黄河，鸟瞰了渺茫的戈壁，横跨了绵延的天山，飞进了非洲大地。

飞机深夜在埃塞俄比亚首都亚的斯亚贝巴机场降落后，我们分不清南北西东，不知往哪走。队长让我去问问不远处那个身上背枪的大兵。我刚要走上前，他一挥手让我退回去，说：“Daxi，Daxi!”我知道他说的是“taxi”。我正在纳闷机场里哪来的出租车，就见开来一辆机场大巴。原来他把这叫“Daxi”。这是我这个翻译第一次在国外用上英语。可是大巴把我们拉到的候机室，而不是中转候机室，害得那个迎接的使馆人员找了半天才找到我们，而且发了好一顿牢骚。他可能不知道，我们都是第一次出国，也是第一次坐飞机。幸亏离中转上机还有6个小时，有充分的机动余地。不过，候机室里那五六度的低温（亚的斯亚贝巴的海拔高度高）冷得我们瑟瑟发抖，而队长兜里那仅有的5个英镑外币，也买不起全队人的餐饮，幸好有人带了一些苹果，每人吃了一个顶了过来。在亚的斯亚贝巴我们转乘上埃塞俄比亚航班后不久，飞机便在一个空旷的机场降落了。我一听广播，说是在坦桑乞力马加罗国际机场加油，见舱门已打开，便一个人下了飞机，想看一眼乞力马加罗雪山到底什么样，但马上又听到埃航的空嫂（年龄很大了）喊道：Come on board，we will take off.（登机，

↑　在乞力马加罗国际机场

要起飞了），这才知道，原来飞机中停加油不准下机。飞机再次起飞不久才最终抵达了目的地——坦桑尼亚首都达累斯萨拉姆(DAR ES SALAAM)。

从北半球一飞到这个南纬 6°48′ 东经 39°17′ 的“和平之港（斯瓦希里语 Dar es Salaam 之含义）”，我就立马找不着北了，此后的两年里就只能辨左右前后，再也分不清南北东西。而且从飞机落地的那一刻，一下子置身于一块完全陌生的土地——高高的椰子树、低低的灌木林、荒原的草地；满目看到的是清一色的黑皮肤：黑人孩子赤足履平地、黑人女子头顶大瓦罐、黑人男子头戴瓜皮帽；满鼻闻到的是一种说不出有多诡异的气味，不像是花香，也不是大海的腥味，就是闻起来令人不舒服。需要在鼻子下抹上点清凉油才能透过气来的那种。这种对异国他乡的陌生感立刻使人萌生了一股幽幽思乡情，顿时领悟了“East or west, home is the best（不管东方是西方，最好的还是家乡）”的含意。

↑　我的第一张彩色平安照

我们先在中国大使馆经代处休整了两天。短短的两天里，我们快速实现了“专家”升级。接待站给我们备大餐、喝可乐；队部让我们打领带西服革履，去中国援建的坦赞铁路达市火车站拍平安抵达照。这张热带风光旖旎、当年风采奕奕的彩照，是寄回家的第一张平安照，也是我有生以来第一张彩色照片。

两天后，十几个小时的时差还未倒过来，我们便分组奔赴各自的医疗点。我和五位医生被分到塔波拉。塔波拉（TABORA），就是坦桑尼亚中部塔波拉省的省府，德国殖民时期曾做过坦桑尼亚的首都。那里既有机场，又有通往首都的火车。尽管机场不大、跑道还是泥土的，火车轨道是窄轨，还是英国殖民时期修筑的，但它的大小仅像旧时的即墨城镇，整个城区既无高楼大厦，也无宽广马路，路边商铺林立，倒是不失繁华。塔波拉又名“芒果城”，马路两侧是芒果行道树，给行人提供浓浓的林荫，使人并无被热带阳光炙烤之虞；房屋旁边也抬头可见硕大的果树，给人们提供几乎是免费的芒果吃。说几乎是免费的，是因为芒果树不属私人所有，谁都可以采摘，但你若不能爬树，就需花一个先令（约合当时人民币 2 角钱）雇名小孩子爬到树上为你采满整袋的果实。塔波拉的另一大特点是地势较高、气候凉爽宜人，只要别站在阳光下暴晒，终年无酷热之苦。

↑ 路边屋旁到处是硕大的芒果树

我们的住处是一座好大的铁皮屋，里面间隔出好多房间：多间卧室、一间客厅、一间饭厅、一间厨房、两间盥洗室、一间专门储存药品的大储藏室。房子前面有一块很大的菜园地，里面长有香蕉、木瓜和一棵芒果树，但结的果不等我们采摘基本上都让猴子偷吃了。房子后面种植了各种树木花草，经过十几届医疗队的打理，那些花草繁花似锦，树木枝繁叶茂。房后凉台入口的三角梅长得成簇成球，四季梅在凡有土的地方星罗棋布；那棵高大的“圣诞树”和那棵盛开奶白色的花但不知名的树，经常招惹附近居民在过节或喜庆日时前来采剪花瓣和花束。不少医生还从国内捎来花种，用木头药箱培植自己家乡的花卉，用以消遣，打发日子并寄托乡思。我就是从那时开始喜欢上摆弄花草的，不是为了陶冶情操而纯粹是为了“killing time（消磨时间）”。闲暇无事便要么修剪那几棵三角梅和那株簇拥的云竹，要么鼓捣移栽那些一年到头开花的四季梅，所以临离开前，在百忙中也不忘在凉台上与那些朝夕相处的花儿留个影。

屋后凉台留影

坦桑尼亚国情

坦桑尼亚的面积有 6 个山东省大，而人口仅为山东省的 1/6，应该说地域广大、人烟稀少。自然条件也很好：土地十分肥沃，植被终年常绿；典型的热带气候，一年只有旱季和雨季，雨季来时夜间下白天晴，庄稼疯长，只要草长不过庄稼，便种什么收什么。据专家考证，若坦桑尼亚这一个国家的庄稼种好，整个非洲就不会挨饿。但是由于长期遭受西方殖民统治，那时这个国家各个方面都极其落后：全国没有一家冒烟的工厂，挖出的煤炭用不上，堆在那里都快自燃了（是坦桑尼亚英文报纸刊登的消息）；没有自己的工业，连一针一线都没得生产，几乎一切都靠进口；没有什么农业机械可讲，仍凭原始的刀耕火种——旱季用大镰刀把草一割，雨季来临前放火烧荒后洒上种子就任其生长；没有像样的大商场，寥寥几家国营小商店（相当于供销社）还货架空空，街上像样的杂货店铺大都是印巴人的（主要是印度人，还有少数阿拉伯人）开的。我在那里的两年间，日常生活用品几乎没有不缺的：大米、面粉是稀缺物，好像主要是外国救济的；用作主食“乌嘎里”（相当于我们很稠的玉米粥）的玉米面也供不应求；其他像面糖、肥皂、香皂、牙膏之类，只要来了货就立马被抢购一空；轻工业品更是匮乏，连个钢精锅、钢精壶都难买到。我们用的那把烧水壶可真有年岁了，外面黑乎乎的油灰厚厚一层，跑遍全城才高价搞到一把电烧壶。司机想买条自行车内带，排队的人山人海，让我出面挤进去替他买，差一点被维持秩序的警犬抓出来。好像就是可口可乐不紧缺，因为当地人买不起。断电、断水是家常便饭，要时不时得开车去远处拉水吃，下雨时我们不得不接雨水救急。

听说坦桑尼亚人的日子本来挺好的，20 世纪 60 年代末出兵去打乌干达独裁者阿明打穷了，再未翻过身来。从在我们身边服务的三个当地人的家庭情况，就可以看到坦桑尼亚人生活的缩影。

我们住房对面是黑人厨师 Muzi 和清洁工兼守夜官 Kijana 的宿舍。Muzi 和 Kijana 并非是他们的真名，坦桑尼亚人的名字很长很难记，这几位就习惯上按年岁起了名字。Muzi 的斯语意思是“老头”，Kijana 的斯语意思是“青年”，还有那位专职司机叫穆罕穆德，则简称他“老穆”。他们都忠心耿耿地为中国医生服务了多年，工作尽职尽责、无可挑剔。

Muzi 已经 70 多岁了，身板仍很硬朗，性格也挺刚强。有一天，早餐稀饭里落了一层小蟑螂，组长刚说了他一句，他就火冒三丈，从那儿以后我们谁也不敢惹他。他不懂英语但会讲点法语，据说曾为西方人做过厨师，能

厨师小女和清洁工的双胞胎女儿

做一手好西餐，烤的面包、蛋糕的确好吃，但做中餐厨艺不是很精。他有位60多岁老太太，听说儿女不少，但平日跟前只有一个上小学的女儿。他家日子虽然简朴，看来衣食无忧。老太太年年在那与我们相邻的房屋后面种花生，也没见她怎么锄地施肥浇水，可年年收获颇丰。每年收获后她都拿些花生送给我们尝鲜，我们则回赠她些大米。

Kijana 30 岁左右，家境则一贫如洗，一家五口住一间不足十平方米的小土屋，家徒四壁，除了从我们那里搬去的两只木头药箱和三块石头上支的一口小锅别无他物，睡觉席地而卧，吃饭围锅而坐。一对双胞胎女儿经常到我们处倚门啼哭，不用问是饿了，拿点吃的东西给她们就转身而去。

老穆自称是“international driver（国际司机）”，他曾到泰国开过车。你别说，他开车很懂礼让，从不按喇叭，说按喇叭是对人大不敬；开车技术也很不错，为我们开车十几年就出过一次事故，那还是车的毛病所致。有一次，另一组的医生来我们处旅游时出了车祸，平时需 2 个小时的车程，他不到 1 个小时就赶到现场。别看生活不是很富裕，他很讲体面，做派很绅士，街舞跳得与杰克·约翰逊可有一比。人家早晨必得喝上一杯咖啡，抽烟必须是当地“马头”牌的，连我们中国香烟都不屑一顾。老穆有多位妻子，当地允许男人有四房妻子，但他结来结去到底有几房我们也无从得知。就我的记忆，两年中他向我们申请了不下三次的结婚补助，因为有一条不成文的规矩：凡是雇员结婚，每次要补助 300 先令。与这几个亲兵亲将友好相处，有了困难我们都慷慨相助。我只去过他家一次，看到满院子是孩子。另外，他经常要我帮他购买玉米面（坦桑尼亚人的主食），往往刚买了一大麻袋不久，就说又吃完了。这也说明他委实家口不少。因为他与中国医生接触最近，自然就成了半个中国通。看到小学生在排练仪仗队，便说：“learn from you China（跟你们中国学的）。”他对几任翻译都有评估，说我开车最棒、英语讲得最好。其实是我帮他忙最多，两年后他特地送我儿子一副墨镜做礼物，抹着眼泪久久不愿离去。

坦桑尼亚人的民族风貌让我印象深刻。多数坦桑尼亚人身上是披两块“康佳”布。“康佳”布可称为坦桑的民族服饰，就是两块像蜡染的彩布，上身披一块、下身围一块。雨天上身那块可挡挡雨，晴天可遮遮太阳；晚上下身那块是褥子，上身那块当被子。我们回国时每人发了两块做纪念。

坦桑尼亚有的是热带水果树——那四处丛生的香蕉树，那拔地而起的椰子、木瓜、芒果树，还有那漫山遍野不知名的野果树，都是绝好的吃饭树，什么水果都能用来充饥，所以一般饿不死人。我亲眼看到坦桑小孩砍开一个椰子当早点：吸其汁当奶喝，嚼其肉充蛋吃。我还看见火车站站长在家里吃一碗煮香蕉当午饭。

坦桑尼亚人很有礼道。别看斯瓦希里语里5个元音字母a e i o u都只发单一音，坦桑尼亚人可把这5个音用到了极致，说起话来个个都是抑扬顿挫、轻重缓急、绘声绘色、娓娓动听。都说法语是谈恋爱的语言，我听起来斯语不亚于法语，但坦桑尼亚人不是用它来谈情说爱，而是讲友谊。斯语的客套话特别多，见面打招呼你好我好工作好家里人好还不行，还得小孩好老婆好老人好彼此都问个周全，有时长达5分钟。我们觉得没完没了，他们认为礼数不能少。

坦桑尼亚的面貌几乎和20世纪四五十年代的中国差不多，基础设施严重滞后。中国援建了坦赞铁路，在80年代初本来已经移交坦方经营，中方人员都撤离回国了，但不几年后因严重亏损又不得不回去接替重新管理。

如今可能发展好了吧，真想故地重游再去看看。

那时，坦桑尼亚的医疗卫生也甚为落后。据说，在中国医疗队来之前，坦桑尼亚人看病只有外科和内科，而外科的药只是红药水，一块红药棉能擦抹一串人，结果未感染的伤口也被感染了；内科也是一种药，不管什么病都服阿司匹林。中国医疗队来到后在坦桑尼亚各地设了十几个医疗点，每个点进驻 4～7 个中国医生，以当地的一家医院为基地进行医疗工作，情况才有所改观。到 1982 年，我们这届期满回国后，医疗点才缩减到现在的达累斯萨拉姆的姆希比利国家医院、多多马省医院、塔波拉省医院、马腊省医院 4 个医疗点。

医疗工作

塔波拉省医院离我们住处开车 5 分钟就到。那时医院的规模倒不小，都是平房，占地很大，而且各科室俱全，医疗器械除中国的外，全是西洋货，就是医务人员不行。除了医官和总护士长是本地黑人且受过专门教育外，其他人都没受过专门训练。所以，中国医生是医院的绝对主力，大病不用说，小病也要找中国医生会诊。派遣到坦桑尼亚的中国医生都是从省内各家医院挑选的，个个医术高明，在坦桑尼亚堪称当之无愧的专家，但就是外语不灵，英语只会嘣几个英文病名、药名，斯瓦希里语经过突击学习只会几句应酬话，这就是为什么每一个医疗点都要配一名翻译的原因。

塔波拉医疗点有两位外科（胸外科和泌尿外科）、一位眼科、一位妇产科大夫和一名麻醉师。两位外科大夫一是因为英语能连说带比划应付两句，而且一般的病名和药名也都基本掌握；二是因为外科治病全凭一把刀（俗称“内科一把嘴，外科一把刀”），所以无须我天天跟着他们。那位眼科大夫脑瓜子很灵，斯瓦希里语不管对不对哇哩哇啦地敢说，再加上治的就是一双眼睛，一看就明白是青光眼还是白内障（热带常见病）。再说我也帮不上忙，人的眼睛里有上百个英语单词，我就是有兴趣也记忆不下来。

所以我上班时的翻译工作重点是那位妇产科的孙大夫。孙大夫五十多岁了，她英语英语不灵、斯语斯语不行，所以妇产科的门诊、病房、手术我都得去，有时连进产房、做妇科检查她也喊我到场。

坦桑尼亚人看病、吃药、住院都免费，病人到门诊无须叫号，也没有护士到场，却都井井有条。刚开始因我的斯语不行只能用英语帮她问诊，我只好先找个懂英语的病人，让其用斯语问另一个病人后用英语转达给我，我再回头告诉孙大夫病人的主诉是什么。孙大夫确诊后，写处方、下医嘱更要我代劳。时间久了，我对那些常见妇科病的表述不但能朗朗上口，还说出个一二三，见常用药也大同小异，便分门别类整理出来给孙大夫写成英语，教她背下来；后来又将常用英语处方、医嘱格式也给孙大夫抄写了几份，让她揣在口袋里，用的时候按图索骥。就这样，一年后她逐渐丢掉我这根拐杖，独立工作了。

每日临床查房倒省事，因为临床护士都会英语，只要我把孙大夫的医嘱一转述，护士就代劳了。难堪的是遇上难产产妇，要我进去转述动作口令，那些动作其实很简单，我却找不到合适的词儿翻译。进了这一次，我就郑重提出：以后我只在外面待命，非急需请勿召入。不过，进产房看黑人妇女生孩子也真长了见识：没听到人家产妇像咱的电视电影里的产妇那样尖叫，黑人婴儿刚生下来其实不黑，可不一会儿就变了。要知道，坦桑尼亚人喜欢皮肤黑，越黑越好，漂亮的黑美人被称为“黑珍珠”。产妇生孩子也基本没见亲属到场，孩子一生下来，产妇起身下了产床用布一包背上就走人，没有坐月子一说。坦桑尼亚妇女从十四五岁就开始生孩子，一辈子能生十多个，但成活率很低。

我穿着白大褂病人都以为我是大夫

别看孙大夫外语不行，医术却非常高明，经验十分老到，门诊诊断经问诊、看诊、叩诊就基本确诊是何种妇女病了；大小开刀手术无数，从来未有失误。整个塔波拉省医院就她一个妇产科大夫，门诊、病房、手术她一肩挑。两年的时间，就我个人粗略估计，她看过的门诊病人要以万人次计，处理各种危急重症病人得以千人次计，抢救危急病人有上百个，处理各种住院病人上千例次。从孙大夫两年的医疗服务，我看到了她救死扶伤的职业操守和大爱无疆的崇高精神。仅举两个病例。一次我和孙大夫到附近一个乡镇医疗所去会诊一例危急重症病人，病人系术后刀口严重感染而化脓。孙大夫用手一按就知道无法挽救了，在回来的路上她流着眼泪伤心地说：“这都是医疗条件差、护理又不及时的原因。像这样的病人不该冤枉地死去。”另一次，她做了一次较大的子宫肌瘤切除，手术很成功。她下班回家吃了饭，仍不放心，便让我开车拉她去医院看看。结果，护士因找不着血管而停止了静脉输液，病人不久死在病床上。孙大夫痛哭流涕，自那之后凡是做过较大手术的，她饭不吃也要亲自守护病人度过安全期。

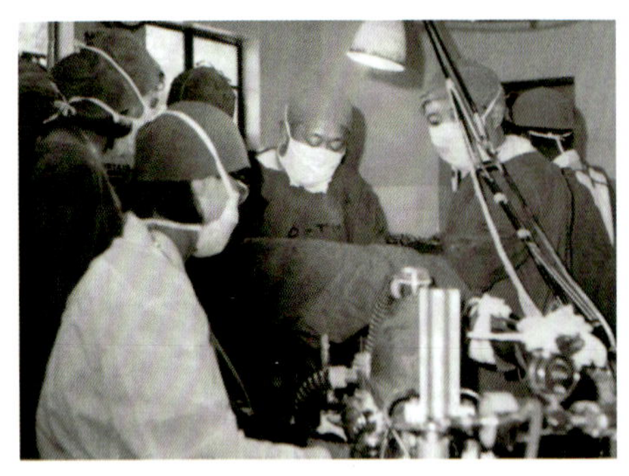

两位外科大夫的工作场合就是手术室，他们一个是做胸部手术，一个做泌尿科疾病的手术。两年间他们到底做了多少手术我不得而知，但我记得他们做得最长时间的一次手术是7个小时。手术室对我来说是个吓人的地方，我第一次进去见到血时都差一点晕倒，以后再也不敢贸然进去了。后来要做一例心脏二尖瓣手术，那种手术在塔波拉省医院属首次，当地报社要报道中国医生的首创，记者非要我给他拍照，我才带着相机硬着头皮进去了。当我聚焦那开胸后的心脏才发现，人的心脏原来跳得那样铿锵有力。记得那次手术的主刀是组长——济宁医院的陆院长，其他四位大夫也全力以赴都上了手术台。术后英文报纸立即做了报道，所附的照片就是我拍摄的。病人治愈出院时该报又在斯语版特地做了一次报道，并刊登了病人和全体护理人员的合影。记者可能认为我拍照有功，连我算进去了。

A Chinese medical team led by Professor Lu (centre) and Dr. Wang (right) performing an operation on Ndugu Hamis Karebuka (29) at the Kitete hospital in Tabora. Ndugu Karebuka, a peasant from Mawiti village, Tabora

这是上班的常规工作，无论哪个大夫碰到语言问题，我都得随叫随到。

还有一种随叫随到是“on call”。“on call”即晚上听班，就是一旦有急症，立刻到医院处理。该死的急症往往是上半夜没的有，却往往在你刚刚上床时急症电话铃才响起。听电话也是翻译责无旁贷的分内事，半夜响电话，那肯定是急症，听好是哪一科的急症，则去叫醒哪一科的医生，大多情况下还得开车陪着走一遭。有一次碰到一个“police case（刑事病例）”，病人被一把匕首插进颈骨，两位外科大夫都累得满头大汗也拔不出来，只好又回家将麻醉师也拉去帮忙。医院虽然是轮值听班，但一来本地医生不多，二来医术有限，所以什么病症都推到“Chinese doctor”身上，中国大夫几乎是全年听班。等处理完急症，这一夜的睡意也就没了。这便是我失眠的重要原因之一。

中国医生的精湛医术和尽心尽责的服务，在当地享有很高的声誉。中坦友谊尽人皆知，中国无偿援建坦赞铁路影响巨大，但医疗队这个“白衣使者”团队提供的惠民服务所赢取的这种声誉，在增进民间友谊、扩大中国影响力方面有着不可替代的作用。那时去塔波拉省医院就是“go to see the Chinese doctor（去找中国大夫看病）”。别看只有区区5位中国医生，却绝对是医院的门面，不管是疑难病例还是大小手术都绝对是中坚主力。而下班以后中国医生所起到的作用和影响力尽管鲜为人知，却绝对不比在医院里低。事实上，中国医生赢得的友谊和影响力，更多的是来自我们下班后的大量的工作努力。

我们通常是上午8点上班，到下午2点就下班回家。2点以后上至省府官员、军队军官、RTC（Regional Trading Company 省贸易公司）经理、火车站站长、飞机场主任，下到警察、银行职员和电话局电话员，都纷纷到我们住处上门看病要药，几乎天天络绎不绝。

对省长，定期上门送医保健是一项规定的任务。我们定期去省府探访，一为官员保健，二为增进友谊。中国大夫到省府成了座上宾，碰上尼雷尔到各省巡视，省长必带中国大夫参加接见（可惜我们省未遇上）。

而那位附近驻军最高长官旅长的夫人，不知从什么时候开始就定期登门取药。药品储藏室里倒有的是，问题是她来还必定捎走些罐头鱼，因为旅长非常喜欢中国的鱼罐头。我们的鱼罐头一个季度到达市领取几罐，我们自己舍不得吃也要给她留着。有一次委实没有了，大夫只好亲自下厨给她现做了几条坦噶尼噶湖的鱼。

还有位眼睛大大、长相美丽的银行职员，几乎把孙大夫当成她私人保健医生，来时就两人窃窃私语。每年的银行盛大露天聚会，她都邀请我们去享用当地美味——咖喱肉。

坦赞的陆军用枪是“made in China（中国制造）”，警察则是“trained by China（中国培训）”。警察局与我们是友邻，隔三差五像来邻居看大夫。

可惜当时国内家里还不许安装电话，否则我去打国际长途绝对不用花钱，电话员每次要完药就问我要不要与家里电话联系。

可能正是在应付这些上门求医应酬中，我修炼成了“Half doctor（半拉子大夫）”。因为每次给药我都得先问明白其药的用途和服法，逐一向人家说清楚，还一定要写上：one（or two）tablet（s）（pill/capsule）each time，three（or two）times a day for three days（每次 1 或 2 片 / 丸 / 粒，一天 3 或 2 次，连服 3 天）。长此以往，常用药典也就掌握了一批。我这“Half doctor”之称并非自诩，是有一次给一个印度小青年治好感冒后他给起的。我这也并非浪得虚名。一女职员有一天来我处求医，诉说她胃胀、无食欲。我想起孙大夫给我服用胎盘片治愈了我不敢吃韭菜的痼疾，便如法炮制，给了她 2 瓶胎盘片，又给了她一大瓶酵母片。不久她来找我千恩万谢，说她胃病全好了，并质疑道：你肯定不仅是翻译。不仅是翻译，那就还是大夫了，所以“Half doctor”名副其实。事实上，我的确是走到哪里就行医到哪里。开车出去办事，我总是备有各种药品，万金油、APC、四环素、plaster（止痛贴）、奎宁各有用途也各有其主。RTC 那位年轻貌美的妻子见面就向我要万金油；有难言之痛的女办事员见了我肯定索要胶囊四环素；搬运工指指肩膀，我知道他想要止痛贴，给我装车后我再给一瓶奎宁就算付小费。我这“Half doctor”也成了白衣天使。

驾车采购

翻译上班时给大夫当嘴巴，下班以后就是驾车跑采购。每一个医疗点都提供一辆“LANDROVER”英吉普，虽然配备有专职司机，但专职司机只在白天的上午 8 点至下午 2 点上班，其余时间则由翻译开车，以备不时之需，所以翻译成了兼职司机，开车成了工作任务之一。

但翻译学开车不用去有关部门专门学，也无须领取驾驶证，都是前任翻译走前教一教，基本会开后再去警察那里补个证。我到了医疗点的当天，还未等完全安顿好，前任翻译就让我学开车。时间只有两天，其实哪有两天，只把车开到旷野上，用了两个下午简单地指点我发动、挂挡、换挡就完了。那个前任翻译是青岛李村师范的英语老师，因为急着撤离回国，他连如何倒车都未教。结果他一走，我把车开出去差一点翻到沟里，只好请一个黑人警察帮我开回家；不会倒车在院子里练，又差一点把水塔撞倒。后来幸亏一个香港籍英国神甫经常来我们住处做客顺便指点，再加上我们的老穆一看到我换挡后不把脚收回就狠狠地打腿，我才逐步成为熟练的车把式。

↑ 我驾驶的那辆 673 号英吉普
（身前是清洁工的双胞胎女儿）

而我驾驶的那辆牌号为 STE 673 的英国吉普，在塔波拉可以说是“闻名遐迩”，谁见了也得让三分，因为我闯了两次祸。一次是在电影院前倒车时将一辆醉酒出租车撞到路对个；一次就在警察局门前为躲避对面的大卡车差一点将一个横穿马路的黑人小孩压进车里面。这在警察局是挂了名的。未挂名的祸还有好几次。一次去很远的地方买羊，在一条只有三条车辙的土马路上差一点与对面风驰电掣而来的军车迎头相撞，我吓得脚都离开了油门，车这才慢慢滑行与其擦车而过规避了一场大祸。还有一次是去三十五英里之外的一处麻风病院，因道窄路滑车开到沟里，用了四轮驱动才有惊无险地开了上来，不过组长的眼受了轻伤。

我们这个“家”有六口人之多，且都是大人，全部生活用品全部得靠自己采购，队部只一个季度供应点从国内运去的酒类和副食。由于物资匮乏，在坦桑尼亚真尝到了跑采购的滋味。坦桑尼亚无论什么东西都是供应的，他们的供应就是到贸易公司经理那里去批条子，大米、白面、白糖、肥皂、香皂这些紧俏物资仓库不见条子一律不卖。批条子还必须事先预约，而有时预约了还不一定见到那位 RTC 官员，只好开车径直到他家去。他家外表也是一栋铁皮屋，但屋里铺设豪华，地毯、沙发及家电应有尽有。他夫人是位貌美的年轻女子，我第一次去时还以为她是小保姆呢，却有四个看起来相差只差一岁的孩子。“缺了东西就找 RTC”，这已经是惯例。若跑到他家里，那就是“in urgent need（急需）”。所以我一去，她就知道我的用意，而且先张口向我要药也成了惯例。她家庭缺什么药都会要齐，但只有给了万金油她才会感激得直说“Asanti sana（斯语：多谢多谢）”。批了条子还得赶紧去仓库提货，晚一步货就可能“out of stock（没货了）”。跑了路、给了药却提不到货的遭数岂止一次。

大米、面粉可以听说来了货去批条子买来家存放着，副食品和蔬菜就几乎得天天跑市场。坦桑尼亚的市场和我们的集市差不多，不一样的是，坦桑尼亚人小摊上卖菜不是按斤而是论堆或按个数卖，从 1 数到 10 就先付上钱，买多了再付一次，不能加在一起付，因为很多人不会加法。正好我的斯语水平也只能从 moja（1）数到 kumi（10），这样就两全其“美”了。而在市场上买来买去只能买到土豆、洋葱、卷心菜和西红柿这“老四样”，怪不得达市那个老华侨光种菜就发了财。

以医交友

中国医疗队在坦桑救死扶伤的精神和医疗工作做出的贡献不但受到当地人的高度赞许，也得到住塔波拉的外国人的认可和尊敬。我在坦桑尼亚的两年里，以医会友，以医交友，广泛接触了各方面的人士，广交了各国的朋友，许许多多的人、许许多多的朋友总不时出现在脑海里，始终难以忘记。

我难忘那位联合国派驻坦桑尼亚的英国官员，他高烧不退久治不愈，只好请我们去诊治。王大夫一看是扁桃腺发炎所致，打了几支消炎针就好了。为此，他专门邀请我们参加他的家庭聚会，让他两个千金小姐穿上露脐服，结果我们却无人敢接受挑战下舞池。偶然在路上邂逅几个日本人，他们一人染了病无处就医，诚惶诚恐来拜托我们中国大夫；开了药病愈后，他们无以为谢，就送了我们很多方便面和录音带，那可是我们第一次尝到方便面的滋味并第一次聆听到邓丽君的歌声。还有个开布店的 Patel 印度老板，他患有心脏病，最信我们诊治；他夫人则全身关节疼痛，最离不开我们的安乃近药片。作为回报，他的商店一进了英国好布料，就敬请我们光临，唯恐我们不买，给的价格都十分优惠。可惜有一次他心脏病发作，而适逢我们外出旅游，让一个庸医当感冒治给打针打死了。我留有他一件永久的礼物——铝制烟灰缸，上面嵌铸着“Tabora，R.H. Patel & Co LTD，P.O. Box 135”。

由于坦桑尼亚的商业大都操控在印巴人（主要是印度人）手里，所以所有商业活动都要与印度人打交道，两年里与印度人便结下了不解之缘。我几乎认识塔保拉所有印度商店、杂货店、汽水店、电器店的老板。

右面照片中的这三位印度青年，他们彼此是挚友。其中左边的那个帅小伙曾梦想回印度当电影明星。一次，由于摩托车事故造成他脚踝粉碎性骨折。别的医生建议他花巨资去英国锯足，是中国大夫通过长达 7 个小时的手术给他保住，三个月之后拆了石膏拄拐就能下地。这例手术的成功当时轰动了他们那个印度圈（印度人可能由

于种姓或方言不同也分为不同圈圈)。出于感激,他家长时间免费供应我们可口可乐喝,只需把空瓶子送回去即可。中间那个戴眼镜的矮个子是个裁缝,他老大不小了还喜欢咬手指甲,他长时间为帅小伙陪床,见我们去查房就主动提出要给我们做衣裳。最后他为我儿子缝制了一条儿童裤。右边留披肩发的是照相馆那个小老板,因为治愈了他的朋友,显得格外慷慨:为我们两年免费洗印照片,让我们保存了在坦桑尼亚的所有美好记忆。他推说妹妹要回印度没有行李箱放衣服,非用一架老式“Pantex”牌照相机把我的皮箱换去。我就是用这架照相机学会了拍照,留下了很多永久的记忆。在临别时,他父亲还赠送给我几件小纪念物:一条鳄鱼皮万年历、钱包和眼镜套;他还要送我 7 美元,建议我到迪拜转机时买打火机回国做送礼(那时打火机在坦桑尼亚也是十分紧俏的奢侈品),我未敢违反纪律,没有接受那 7 美元。

塔波拉有个“欧洲大院”,大院里有一帮和我们一样的异乡客,他们有英国人、美国人、埃及人、俄罗斯人、希腊人。他们在坦桑尼亚干什么我们不便细问,只知道那个俄罗斯女的嫁了个在苏联留过学的黑人医生,两个孩子一个白一个黑。长时间以来他们和中国医生成了过往客:他们有病来我们这里治病,我们寂寞了去他们那里做客。身在异乡为异客,难耐的是思乡与寂寞。那时,家庭都没有电话,全凭信使一月捎一封信与家里联系,盼信如同盼甘露止渴,看了信如同服了安眠药。上班到医院忙活、下班去采购跑这跑那倒也忘却了想家之苦,一闲下来回到住处就是落寞和愁绪。那时坦桑尼亚还没有电视,唯一的乐趣是听听收录机。周六晚上当地人在外面露天彻夜载歌载舞,我们能联系上去看场电影就心满意足了。为了打发那漫漫长夜、消磨那难耐的寂寞,我们经常去

"欧洲大院"找慰藉，因为那里有欢声笑语，也有烧烤可乐，我们可以随意地喝、尽情地玩、开心地谈、纵情地笑，逢他们过节举办舞会还可放肆地跳。那里有像回到家的感觉。

"欧洲大院"里那对英国曼彻斯特的艾克夫妇家我们去的次数最多。艾克先生是联合国派往坦桑尼亚的官员，艾克夫人好像无工作，经常教人家英语。我便请她教大夫英语，但她不熟悉医学英语，而医生们又对一般生活英语没有太大的学习动机，只好约她定期上门用英语交流。能认识这对英国夫妇真是荣幸之极，她们待人谦和、热情好客、心地善良、很有风度，使我改变了原先对英国人的不少偏见。1981 年他们工作期满回国前特意来与我们道别，送给我一本 1976 年版精装本《安徒生童话集》，里面有《睡美人》（The Sleeping Beauty）《卖火柴的小女孩》（The Little Match Girl）等家喻户晓的小故事。我将其视为珍宝，从坦桑尼亚打箱回国时连上大学时用的心爱的《英华大词典》都忍痛丢弃，却把这本厚重的童话集万里迢迢地带回了国，直到今天还珍藏着。在与我拍照留念时，艾克女士开始将手搭在我的肩上，后来移开说："Your wife won't be happy to see this.（你妻子看到这样会不高兴的。）" 1982 年我回国后，我们还保持了一段通信联系，直到 1987 年我从烟台调回青岛，联系才戛然而止。

有时候他们也到我们家里来做客，我们几位大夫亲自下厨给他们做中

国饭吃。春节除夕，医院的医官及护士长等来与我们共祝节日，他们酒足饭饱后，还要带回一份给他们家里人品尝。印度朋友也来吃过，但由于宗教习俗好像吃不惯中国菜系。印象深刻的一次是邀请那位巴基斯坦专家。他认为：坦桑尼亚一国的粮食丰收，整个非洲吃饭不愁。他是专门研究烟草种植的。有一天，不知他从哪里弄来一头大活猪，用车给我们送上家门口。外科大夫们显示他们的手术绝技，自己用手术刀宰杀了。那天我们留下他与我们一起享用，他本人却从不抽烟，也不喝酒。

在坦桑尼亚传教的外国神父真不少。他们因为经常义务带教友去医院看病，所以与我们过往也甚为密切。

最令我佩服的是那几位不但传经布道而且身体力行多方为当地人行善的西班牙神父。他们住在偏远的农村，听说经常与教民“三同”。只要教民有病他们都亲自驾车远程送到医院求医。教民无粮便亲自驾车帮运输。每年他们园子里的橘子熟了就请我们去品尝。有一次我们去时适逢他们的车子运粮压破了车胎，还是我开车帮忙运回来的。都是为了信念，他们为宗教信念在他乡服事教会，我们为政治信念在异国服务于坦桑尼亚人民。献身精神却有我们向人家学习之处。

正是在这些虔诚、热诚的神父大力帮助下，我那本《实用医学英语手册》才能赶在回国之前打印成册。那可是我花了一年之久的时间费了九牛二虎之力才编写而成的。编写这本手册是我主动向医疗队部请缨，队部还拨了1000先令以表支持，但最终由于人家神学院印刷厂免费装订，那1000先令省下了，我如数奉还了队部。

看到中国医生个个医术高明却语言不灵，经常是要么靠蹦单词，要么用手比划打哑语，我看在眼里，急在心里。可看他们平时学习的英语不是临床急需的实用英语，而是从国内带去的医学课本英语。当时能结合援外医疗实际的外语材料仅有几句斯瓦希里语的。由此，我萌发了个念头：何不在医院搜集临床大量英文门诊病历、病房病历及手术记录，将其汇编成册，既能帮助医生们学习提高英语，又能供他们在实际工作中仿照应用。

但想起来容易，做起来难。当时医疗点没有英文打字机，连刻印钢板的工具也没有。后来我打听到离我们住处不远的地方有个“睡眠病防治中心”（坦桑尼亚有这么种睡眠病，得了便一睡不起了），便抽空开车去那里借打字机用。半年的时间几乎登破了人家的门。

在打字机上打出蜡纸是很麻烦的，何况我的打字速度有限，全凭蚂蚁啃骨头精神硬是打出上百张蜡纸。蜡纸的油印是求助一印度老板；装订是西班牙神父给联系的神学院印刷厂，并亲自告知说，要给中国大夫免费提供一切服务。

手册分三部分：实用对话、病房及手术记录范例、转院信件及常用格式。

实用对话都是我携带收录机现场录下医生与病人的问诊，然后回来一句句听写下来，再用打字机打出来的。病房及手术记录等多数是我直接摘录的，有的是托其他几个医疗点寄送的。

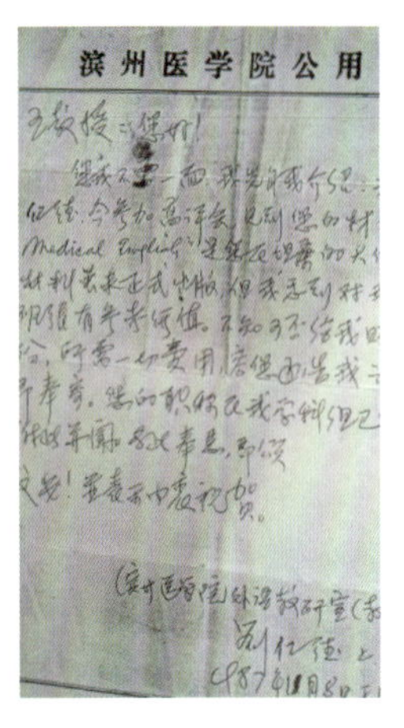
滨州医学院公用

王教授：您好！

滨州医学院外语教研室

就在我即将动身离开坦桑尼亚的前几天，手册分发到各个医疗点的医生手中。我有幸带回来一本。在1986年我晋升副教授时，曾作为科研成果报送省教育厅。滨州医学院的刘教授看到后曾一度给我写信索取此书，意欲做医学院办学习班的参考资料。

现在在坦桑尼亚的华人数以万计，遍及累斯萨拉姆的各行各业。但20世纪80年代我在那里的两年里，在达市只见过一个种菜的华裔，还是个早已没有了中国姓的。他曾到塔波拉来过，但他中国话几乎一句也不会说而只会说法语，我好像只用一句我学会的法语问候语和他打了个招呼，就再无法与他沟通。据传，他是赚了钱不愿意存银行也不敢放家里，转求中国经代处帮忙处理。除了他，就是经常来我们家里的一位华裔——胡神父。

胡神父是个香港籍英国神父，我们都叫他“Father Hu”。他从什么时候将塔波拉中国医生的家当成自己家，我未追溯。记得我一去就有人叮嘱：有什么事，就找“Father Hu”。他不但时常带病人来让医生特殊关注，而且经常是：他来赶饭头拿上自己的专用碗筷坐下就吃，彼此一点也不用客气。在我看来，说他是我们的编外人员并非言过其实，他连我们内部事务他都爱掺和。“Father Hu”交际广、万事通，塔波拉从上层到市井，没有他不认识的人，没有他不知道的事，因此他的确为我们的生活帮了不少忙。跑供应，RTC无论何时来了什么货他都第一时间得知，第一时间通告我；买牛肉，他去市场能割到最好的；买鸡蛋，他给弄到送货上门成打的；买羊肉，他能领我驱车上山捉整只的；买猪肉，他就领我到神学院买人家自己饲养的；坦噶尼噶湖的深水鱼，他也能买到通过飞机托运的。我们塔波拉医疗点的伙食之所以被公认是最好的，与他的帮助大有关系，如果在海外没有这么个热心肠的同胞，我那两年跑采购还不一定会多难呢？

塔波拉有一位美国神父，他擅长养蜂，酿的蜂蜜特别好，还喜欢狩猎。这位美国神父几乎每个季度都买个狩猎证，开着一辆带冰箱的红色客货两用车出去狩猎一次，而每次狩猎回来都必先到我们家落脚。按惯例，他送我们一条或斑马或野猪或羚羊后腿，我们送他一瓶中国白酒喝。他一来就标榜说：中国白酒可杀死狩猎时沾染的一切病毒和细菌。他边点燃一盅酒来证明他的学说，边空口一瓶白酒就下了肚。他喝酒多不要紧，我最怕他话多，因为他那口含糊不清的美国英语我费劲听也只能听懂三分之一。我们离开坦桑尼亚前夕，他专程赠给我们每人五六罐自酿的蜂蜜。

我至今不忘是当地那位医院化验员送我的黑手杖。这位黑人化验员虽然一条腿有点残疾，却是塔波拉省医院体格最魁梧、绅士派头最足、英语讲得最纯熟的职员。坦桑尼亚黑雕刻是著名的旅游纪念品，但塔波拉本地并不产黑木头。我见他手柱黑手杖，临走前便去拜托他。因为很多化验结果他事先都要先经我说，我们彼此都很熟。他经多方奔走才千方百计给我弄了一根带有尼雷尔头像、坚硬如铁的手杖。这让我永远不忘在坦桑结下的友谊！

两次出游

从我去坦桑尼亚的这一批开始，国家不但提高了出国专家的待遇，还每年给了半个月的假期，而且明文规定这半个月的假期是由坦方出资让专家出去旅游。因此，我们两年做了两次出游：1981 年驾车出游了塞伦盖提野生动物保护区（Serengeti Wildlife Reserve）；1982 年游了两湖：维多利亚（Lake Victoria）和坦噶尼噶湖（Lake Tanganyika）。那可是两次历险性的旅游。

坦桑尼亚的野生动物资源遍布全国（右图），但最著名的莫过于塞伦盖提野生动物保护区，故又称国家公园（National Park）。该保护区位于坦桑尼亚东北边陲，与肯尼亚的马赛马拉野生动物园相连。一年一度的野生动物大迁徙就发生在这里。

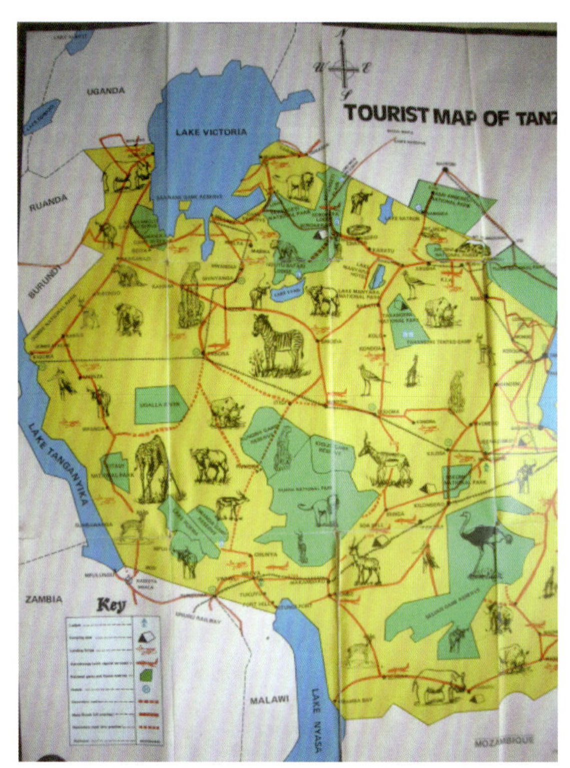

坦桑尼亚旅游地图　↑

我们是由司机老穆驾驶自己的那辆“LAND ROVER”进的塞伦盖提野生动物保护区，可以说是地道的自驾游。那时，塞伦盖提对我来说还是个完全陌生的字眼，对野生动物，只是出国前在济南听一位出过国的医生说要记一些动物名字，而且他脱口念出什么“gazelle（羚羊）”“giraffe（长颈鹿）”“cheetah（猎豹）”“rhino（犀牛）”和“zebra（斑马）”一些常见的野生动物名，当时并不知道记这干什么。现在进了保护区举目四望，里边是一望无际、野性十足的原始大草原。整个大草原是一个动物的王国，里面野牛（坦桑尼亚人叫“buffalo”，我们有人叫它们“四不像”）和斑马混杂成群，数目都得以数百上千计；大小羚羊几乎遍地皆是，种类之多枚不胜数；大象时见单只出没，时有十几头摆成长蛇阵，老穆说象群里携有幼象迁徙千万要避之三舍；犀牛虽然稀有也能碰上一两只，但只能远眺不可近视，说它们凶狠又力大无比；长颈鹿时有所见，躯体高大但性情温顺，所以被视为国宝，坦桑尼亚客机就是以它们的形象做尾部徽标。

（资料照片）

现在人们能观看到多种版本的动物世界电视片，对非洲野生动物一点都不陌生了，但当初我们走近这些野生生灵时，却有一种难以名状的惶恐和扣人心弦的震撼，那种近在咫尺、沉浸其境的感觉与看电视片可就大相径庭。我们目睹过野牛和斑马群从车旁万马奔腾般的雷霆万钧；我们长时间观望过犀牛抵角嬉闹打斗的狂野；我们观赏过高大的长颈鹿交颈谈情的缠绵动人，也瞥见过壮硕的大河马在水中血口大开的丑陋状。那历时亲眼目睹的情景至今都还历历在目。

（资料照片）

（资料照片）

（资料照片）

在塞伦盖提借景两只长颈鹿与司机老穆的合影

在塞伦盖提野生动物保护区，有两件意外的事更使我始终难以忘怀。一次是意外杀生。当我们在一段路上驱车前行，无数大大小小的羚羊不知为什么纷纷随着我们的车子奔跑。我让老穆加大油门“chase（追赶）”，而一只幼小的羚羊忽然从我们车前穿过，不幸砰的一声倒在车轮下。我们停车想将其抬到车上救治，但老穆加以了阻止，说一旦被人发现，罚款事小，还要吃官司，因为很可能被当成偷猎者。到现在，每当我想起我触摸它那还热火的身躯，仍有深深的内疚和惋惜。

另一次是差一点与一只豺狼迎头相遇。当我们驱车看到不远处有两只长颈鹿时，我忍不住让司机老穆停下车，并拽着他跳下车悄悄地接近它们合影留念。就在抢拍这个镜头时，一只面目狰狞的豺狼跑了过来，差几步就与我们迎头遭遇，吓得我们急忙逃进车里。事后才知道，在保护区内旅游是不可以随便下车拍照的，拍照时必须站在旅游车内的天窗处。正是这种刺激的野生动物旅游每年吸引了许多国外游客。在动物园留下的一条遗憾是：我们那时摄影器材与摄影技术非常欠缺，无法留下什么作品，只有这张与司机老穆合影的彩照尤为珍贵。它的可贵不仅是那时彩照尚属稀有，唯一的彩色胶卷还是别人盛情赠送的，更在于每当我看到它就想起那次实景拍摄时的险遇。

但 1981 年之游的最深刻处并不是塞伦盖提，而是恩戈罗恩戈罗火山口（Ngorongoro Crater）。火山口动物园就在塞伦盖提南边不远处，我们的出行路线是由医院的护士长确定的，事先不知道游火山口竟如此危险。车先要沿攀山路开到火山的山顶，那攀山路之险峻比登黄山的有过之而无不及，一律是狭窄、崎岖的土路不说，路下千仞沟豁、陡壁垂崖，令人视之毛骨悚然；又林峭藤绕、深不见底，让人望之阴森恐怖。沿途看到路旁立有几座墓碑，它们是行车事故不幸者的葬身地。

再往火山口下，那简直更是玩命，在几乎是直立陡峭的火山口壁上，挖凿出一条简易的宛转山径，不要说车走，即使人走起来

（资料照片）

与导游在火山口的合影 ↑

也要斗胆冒险。怪不得下火山口必须花300先令租用当地旅游公司的旅游车和司机。尽管我一再强调老穆的驾驶技术很好,旅游公司也坚决不答应让其开车。当旅游吉普车四轮驱动并打着手闸、脚闸往下蠕动时,当我们看到下面几乎是笔直的万丈陡坡而吓得都屏住了呼吸、闭紧上双眼时,才深感那300先令花得值。下火山口旅游稍有闪失则必定车毁人亡,看次野生动物丢了性命那才不值呢。

一下到火山口,兼导游的司机马上让我们关上车窗,因为这时车外到处都是飞舞的昆虫。司机说,在热带是小昆虫欺负大动物,蚂蚁都能把野牛吞噬掉。我只听说修铁路的技术人员曾被毒蜂蜇死过,不知道小昆虫也如此厉害。

这次冒险的最大获取是观瞻到火山口的一大景观——成群成群的火烈鸟。

我在讲许国璋英语第四册时曾碰到过这样描写火烈鸟的句子:Clouds of pink flamingos took off from the water, the sounds and colours were intoxicating. 当初我无法想象这是种什么情景,特别是无法找到一个确切的字眼来翻译 'clouds of' 这个词组。现在亲临其景,方领悟该词组的美妙:"一片片的火烈鸟掠水面起舞似翩翩彩云",而火烈鸟起飞时发出的"那阵阵悠扬的万鸟齐喑声(the sounds)",飘然升起时展现的"那火红透白色彩

(the colours)”,简直“令人如痴如醉(intoxicating)”。德国科学家兼探险家亚历山大·冯·洪堡德于1799年在委内瑞拉一个叫天堂口的地方,见到此情此景时找到了“Homeland of His Soul(他心灵的归宿)”,而我则于1981年在坦桑尼亚的恩戈罗恩戈罗火山口找到了“Inspiration of My Soul(我心灵的灵感)”。

下火山口野生动物园的另一收获是碰到了非洲狮,但这一收获却是另一种震撼。司机本来想驱车寻觅非洲狮或猎豹上树的奇观,不料却误闯入一片有七只卧狮的草丛。猛然间见五只母狮和幼狮就离我们车子十几米,两只雄狮卧在旁边不远处,我们十分害怕。看到我们的不期而至,其中一只慢吞吞站起身,警觉地拿眼睛朝着我们瞪视,吓得司机一面赶急悄悄倒车后退,一面嘘声让我们闭嘴并禁止拍照。退到安全距离后,但见司机满头大汗,他用斯瓦希里语与老穆哇啦了一阵,我虽然听不懂,也知道是在说刚才的危险。若七只狮子扑上来,就是进不了车内,也能将其掀翻,而那天进火山口的旅游车仅我们一辆,一旦发生不测,那就孤立无援了。司机这时才平静下来说:“You Chinese doctors are so lucky, seven lions are welcoming you(你们中国大夫运气真好,七只狮子在欢迎你们).”他停车让我们从远处用“海鸥”照相机对着它们拍照,它们趴的趴、卧的卧,根本不予理睬,倒也相安无事。这一奇遇弥补了没看到豹子上树的遗憾。

我们那天本想赶往木索马(Musoma)住宿。木索马在保护区北面,是总统尼雷尔的故乡。那里专门设了个中国医疗点,当时该点的组长是我认识的烟台毓璜顶医院的杨大夫。但游完塞伦盖提野生动物保护区,天色已很晚,老穆这时提出一个我们意想不到的建议:去区内一个临时考察专家组暂住一宿。此举竟然使我们在野生动物保护区深处见到了来自祖国的亲人。异国他乡遇亲人自是分外亲切,盛宴款待之后,他们还特地为我们露天播放了录像。那是我第一次看录像,放的是英文版的《红色海滩》(后来知道就是《漫长的一天》),即"二战"时的诺曼底登陆激战将海滩都染成红色的情景。当时一位首长坐在我身旁要我给他翻译,我只顾专心听英语,到现在也想不起内容情节是什么,而且一个多小时看录像挨了一个多小时的蚊子咬,裸露在外的脚后跟被咬得一片红肿,奇痒难忍,抹上一盒万金油也不顶用,涂了一层牙膏才有点缓解。结果旅游回去不久就染上了疟疾病,害得我那年春节是带病度过的。回国后还接连发作了三年,以致惊动了烟台防疫站登门才给药治好了。

1882 年我们又游了非洲最大的湖——维多利亚和最深的湖——坦噶尼噶。

与导游及老穆在维多利亚湖畔的合影

我们本来想吸取上次旅游长途跋涉、车颠人乏的教训，这一年的 15 天假期就到维多利亚湖畔的姆旺扎小城静静度过，那里隔我们塔波拉仅 4 个多小时的车程，但不几天我们就享受不了那些西式大餐了，因为凡肉类西餐都半生不熟，即使你一再告诉说“Please make it well done（请将其煮熟）.”仍是切开见血，我们只好几乎千篇一律吃鱼餐。维多利亚湖盛产一种个头很大的“太阳鱼”，刚开始吃味道确实不错，但天天光吃“太阳鱼”也就吃腻了。

旅馆提供的免费自助早餐十分丰盛，面包片、煎蛋等都很可口，牛奶和咖啡不限量可随便喝，可午餐和晚餐就别无选择，不吃肉就只能吃鱼了，组长因胃不好想换个鸡蛋还要费很大周折。于是，我们临时决定另换个地方，再去坦噶尼噶湖一游，因为坦噶尼噶湖畔的基戈马城有个中国医疗点，我们住在那里能吃上中国饭，上次基戈马的医生出游时也像串亲戚一样住在我们塔波拉的家里。

经打听，到基戈马（Kigoma）只需七八小时的路程，但上路后方发现，这路都是土路且路况十分不好。司机老穆一来路不熟，二来没有做远途出车的准备，结果路上险象丛生。

先是因天热爆了车胎，换上备用胎后又屡屡撒气，几乎是跑一两公里就要停下补一次内带。正值中午时分，车在路中央艳阳高照，路旁又无一树荫，把一个平时养尊处优从不亲自修车的老穆累坏了，我们站在那里也饥渴难耐，因为谁也没准备什么吃的喝的。趁我替他抹胶水之际，老穆不知从哪里弄来一大把野果子，虽然酸涩却也解渴。补了五六次之后，他委实无能为力了，便只好步行去了远处一个村落求助。

而就在我们停车待援时，偏偏遇上烧荒引起的熊熊野火蔓及公路。那适值旱季，路旁深草干柴瞬间烧成燎原之势，眼看就要逼近了我们的车子，情况万分危急。我急忙跳进车里驾上瘪了气的车仓皇逃逸。待远离野火之后，那只车轮彻底报废，车子再也无法开动了，我们陷入了前不靠村后不着店的尴尬境地。

我们是那天路上孤独的出行者，直至下午四时许才开来一辆吉普车，车上下来一位当地官员。这位官员热情地询问了我们的情况，并让他的司机查看了我们的车况，但他们没有备件也无计可施。当他得知我们既无水喝又无饭吃时，便赶忙命令司机去附近的村子备饭备水。这时天色渐晚，他听说我们是去基戈马中国医疗点的，便建议我们出一人搭他们的车先行一步去基戈马求援，他们没有能力将我们七人和车拉走。大家一致让我先走，因为只有我能与他们在路上进行语言沟通。就这样我随他们的车于晚上七时许到达基戈马，还未等我说明情况，那里的赵经郊组长早已将车派出来了，原来那位官员一到家早就电话通知了赵组长。谁知派出的车竟与我们的车走了两股道，至午夜时分也没迎着，只好空车而归。而我们的车在当地人的帮助下修好了，结果几乎是同步到达了。对那次遭遇的惊险及那位不知名坦桑官员的友善，我直到现在都念念不忘！

还有另一桩念念不忘：在基戈马的一家小旅馆里失盗的事件。由于基戈马医疗点的房子太小，我们有四人不得不住旅馆。那是家黑人私人开设的小旅馆，将就着能住。三天后当我们要离开时，女麻醉师放在床上的钱包不见了，里面有3000先令的现钞。这3000先令皆是公款，因我怕10000多先令的旅游费用自己一个人带着有失，而分给几个大夫分别携带。丢失的公款让女麻醉师如坐针毡，我马上找旅馆老板交涉。我严正指出："This sum of money is supplied by your government for the special purpose of making a tour of your land. Now it is lost in your hotel，you have to provide a proof to serve as a voucher（这笔款项是由贵政府提供专门为在贵宝地旅游之用。既在你旅馆丢失，你就必须出示一份证据以作为报销之单据）." 小老板一听害怕了，赶紧去找收拾卫生的店员。不一会儿，钱包失而复得，3000 先令现钞完璧归赵。我一看那内疚的店员，马上建议组长：拿出 100 先令来奖励。我说按理也应该给服务人员小费的，这 100 先令就权当付的小费，组长点头认可。

在基戈马旅馆的合影

两次旅游跑遍了大半个坦桑尼亚，不但看到坦桑尼亚是个天然的动物园，富有各种野生动物，可谓百兽天堂。还看到它是个天然的植物园：由于属于热带草原气候，终年温热且温差不大，各种奇花异草无需人工着力栽培，便到处自由生长开放；仙人掌能长成矗立的大树；一种我们称作"热带红"的树，颇似我们的芙蓉树，更是硕大成荫……但我尤喜欢三角梅和四季梅，因为它们四季常绿常开。这些花虽然没有香味(热带花一般不香，有香味的花则往往有毒)，却十分讨人喜欢。

旅游也使我看到坦桑尼亚的另一面——其悠久的传统历史文化和巨大的发展潜力。我们曾去过乞力马加罗雪山山脚下的名城阿鲁沙（Arusha）。阿鲁沙不愧被称为坦桑尼亚的"小巴黎"：一幢幢欧式小楼、一条条欧式遗风街道、一盏盏昏暗霓虹灯，仿佛令人进入了西方文明摩登的

楼体都嵌进山坡的巨石和山洞
与环境浑然一体

世界。在这之前，除了在首都达累斯萨拉姆看到过现代文明气息，所到之处皆是“uncivilized（未开化的）落后”。阿鲁沙是坦桑尼亚咖啡、小麦、剑麻、棉花的重要产区，还有棉纺织、轮胎、肉类加工等工厂。因为有塞伦盖提、马尼亚拉湖（我们看过的第一个景点）、恩戈罗恩戈罗火山口等多处野生动物园，旅游业十分发达。更令人意想不到的是，在一家叫 Mount Meru 的旅馆，竟看到了一流的宾馆设施，享受了一流的宾馆服务。宾馆依山而建，完全保留了原生态，设计独具匠心，楼体都嵌进山坡的巨石和山洞间，与周围的环境浑然一体。整个宾馆几乎看不到楼墙和楼体，而是自然的山体；宾馆房间内干净整洁、设备一应俱全，至少达目前中国四星级标准。

（资料照片）

更令人称奇的是，从房间的落地大玻璃窗里就可直接观赏外面的野生动物，晚上不但可听到狮吼象鸣声，还时有像长颈鹿这样的野生动物出现在窗外。那天晚上我一个人住在单人间，害得我根本不敢入睡，瞪着眼睛浮想。

宾馆服务员都是黑皮肤，但个个举止落落大方，训练十分有素，英语地道流利。我过去一直不理解为什么英语的“侍者”叫 waiter，看到黑人侍者总是毕恭毕敬地站立在身旁，不等盘碟吃完就立马给收拾走，才体会到“侍者”原来是“always stand waiting there for your service（时刻站在那里守候为你效劳）”。我们这些同样也是来自发展中国家的专家，是第一次享受这样的高等服务，个个感到饭都不好意思吃了。毋庸置疑，这种文明和一流服务都是过去殖民文化的遗留，但人家将这种遗留渗透到血液里，形成一种民族风格，体现了外来文化与民族文化相互和谐交融。达累斯萨拉姆的英文 Dar Es Salaam 就是阿拉伯文、德文与斯瓦希利语的有机结合——DAR 为“港”，RES 为“之”，SALAAM 为“和平”。从这层意义上，我们却要好好向坦桑尼亚学习，中国吸收、融化外来文化尚有很长的路要走！

从乞力马加罗雪山地区的农业开发，也看到坦桑尼亚的希望。这里有得天独厚的凉爽气候，到处是土地肥沃的梯田、长势良好的庄稼，与沿途见到的遍地是荒凉的未开垦处女地成鲜明对比。坦桑尼亚有这样一块富裕之地，是民族之福、国家之未来，若照此样板开发起来，坦桑尼亚还愁不富？

胜利回国

1982 年 8 月，两年的服务期满，大家打点行囊准备回国。因人员太多，需分两批走，队部出于善意让我再待一个月随第二批，我却不愿留。这一次我们乘坐的是由达累斯萨拉姆飞往巴基斯坦卡拉奇的法航客机。到迪拜中停时，我未持护照（护照都集中在队部那里）就一个人冲下了飞机，非要去看一眼听说中的迪拜免税商店到底是什么样子。结果，看了琳琅满目的免税商店大饱了眼福，返机时却被卫士拦下不让登机。我又气又急地反复解释了四五分钟，最后被迫举起双手被搜了身才有惊无险地回到飞机上。

在卡拉奇转乘中国民航时，我尝到了那里走 1 分钟的路就让人大汗淋漓的酷暑，见到了机场餐厅脏兮兮的餐具和让人不敢下咽的食物。尽管飞行了一路大家十分辛苦，当飞机着陆首都机场的那一刹那，我们还是情不自禁地鼓起了掌声，我们总算安全、胜利地回国了！

彼时，我的爱人荣志同志携儿子到北京迎接。儿子当时 10 岁，是第一次进京，我带他参观了天安门和故宫，用那架“Pantex”相机在北京留下了他儿时的身影。儿子后来说，就是因为那次进京大开了眼界，才决心报考北京的大学。1989 年他真考进了北京的国际关系学院。

30 多年过去了，但在坦桑尼亚两年的这段经历我无法忘记，时常会想起那些不寻常的点点滴滴。那里留下了我的足迹，铭刻了永远的记忆；那里洒下了我的汗水，浇灌了深厚的友谊；那里遗留我的期盼，直到今天还令我有一份牵挂。衷心祝坦桑尼亚人民快快富强起来，也衷心地祝中坦友谊源远流长！

1982 年回国时在北京的留影 ↓

贰 美国之航

我这一次出国是随远洋轮船漂洋过海去美国。三个月的海上经历和陆上所见所闻足足记录了三大本日志。

我是1987年2月底调到青岛远洋船院教英语师资培训班的，谁知刚刚教了两年送走一期毕业生，师训班被叫停了，便要我改行教航海专业英语。我没忘记，那是1998年的农历正月初四，当时我正在家里宴客，有人登门撂给我一本教科书说：你开学就讲这本书。我一看，书是上海海院出的油印本，且不说连个图都没有，就是文字有的地方还模模糊糊。而离开学还不到半个月的功夫。见书中第一章是“气象报告”，气象报文还是20年前1960年代的天气走势，便去请教教过这本书的老师：什么是“航海通告”，有没有关于航海的出版物参考一下？得到的回答是：她们也没见过它是什么样的。

后来才知道，《英版航海通告》这本航海出版物每周出版一册，是船上改正海图不可或缺的资料。搞了十几年航海英语教学的教师却曾未见其是什么样的，这令人难以置信！但仔细一了解，这些英语教师和我一样都是普通高校英语科班出身的，对航海几乎一无所知。大家知道的最普通的词“line”是“线绳”，到了船上却是种类繁多的“缆绳”，什么“head line（艏揽）”“stern line（艉揽）”“breast line（横揽）”“spring line（倒揽）”“towing line（拖缆）”等等；“bridge”一词在陆上是“桥”，可在船上成了“驾驶台”；我们记忆中的“superstructure”是抽象的“上层建筑”，但船的上层建筑却又有“accommodation（居住区）”又有“navigating bridge（驾驶台）”，而驾驶台上还分为“wheel house（操舵间）”“chart room（海图室）”“radio room（电报室）”。就这个简单的船舶结构认知，有的青年教师上了讲台就说不清而下不来了，更不必说那些涉及船舶驾驶和运输的种种国际规则和公约。我本人也曾在讲授一份“租船合同”时，因实在啃不下那些陌生的合同条款，而只好请了一位专业教师与我同台讲课，我念一英语条款，她解释汉语内容，我再讲解语言难点。

我这个航海盲也就从那时被赶着上了架，去照本宣科地讲那些自己都不明白的航海术语。眨眼过了十几年，这十几年里，个中的苦衷“如鱼饮水，冷暖自知”。这十几年里，我不耻下问，几乎请教了航海系的所有专业教师，教学相长，讨教了许多我教过的船长和船员学员；这十几年里，我查阅了几乎所有航海英语参考书，还自编了三本航海英语教科书，换下了那些早已过时的油印书；这十几年里，我除船员大专班教学，还教遍了各种档次的班级：船员英语速成班、大副培训班、船长考证班、船长英语加强班、船员外派班等。我还在中远集团英语考试中心两年，给船长、大副、二副和三副出过不知多少道英语适岗考试题。然而，那都是纸上谈兵，课堂上、书本里绕地球好几圈了，实际上仍是个航海门外汉，对海上航海到底是怎么回事，仍不清楚。

终于在一次院级教学会上，我忍不住了，将所有航海英语教材（各院校的，关于阅读的、听力的、口语的书）都搬出来质疑说：“航海系的专业教师每人只需讲自己所擅长的那一门专业课，你们知道我们一个英语教师可要讲多种版本、内容涉及几乎所有航海专业的英语教科书吗？我们这一门航海英语专业课要涉及天文、地文、气象、驾驶、避碰、货运、法规等几乎全航海系的所有专业。老是让我们不接触实际，老是在课堂上“隔山买牛”，英语教师什么时候才能讲好课？”

响鼓还得重锤敲，我慷慨陈词了足足 20 多分钟。院长一听，再一看那堆教材也无可奈何，便开口问我说：“老王，那你说怎么办？”“让英语教师也上船实习，让老师们去亲身体会一下远洋航行，哪怕是开开眼界也好。”

我借机提出了我思考已久的建议。其实，这是学员提出的建议：“老师，你上一趟船就什么都明白了。”

就这样，英语教师开始有机会跟远洋轮出国实习了。到 1998 年底，我一看自己马上快退休了，便催促给我也联系上船，结果答应我只能利用寒假的时间上船。本来我打算跑趟欧洲航线，想见识一下马六甲海峡和多佛尔海峡这两条世界最繁忙航道的“heavy traffic（过往船只）”，经受一下印度洋的“monsoon（季风）”、目睹一次苏伊士的“Canal transit（运河通航）”、体会一次地中海的“rolling and rocking（颠簸摇晃）”。但适值春节，跑欧洲航线的船怎么也等不到。直到 1999 年 2 月 26 日，已经是农历正月初八了，天津远洋公司有艘散装船跑美国，我只好急急忙忙赶到天津改去美国。

2 月 26 日上午，我乘 8 时 53 分的火车，18 时 10 分抵达天津。天津远洋公司有四位负责人亲自在车站接我，一块用了餐后，便径直送我上了“高州海”轮。船长、政委和老轨（轮机长的别称）早在守候，将我迎上船。而帮我搬行李的竟然是青岛远洋船员学院毕业的马元庆，他热情地给我将房间布置停当。马是 91 级船员班学员，天津人，正巧在该船做三副。能在船上有青院的学生，我心里不禁多了一份踏实。他向我介绍说，“高州海”是 1995 年上海造船，总吨位 7 万吨，这次是满载 5 万吨焦炭，运往美国巴尔的摩附近的一家炼钢厂，预计 28 日起航。

27 日上午，二副要我帮他将《美国法规》（US Code ）的有关航海图书资料方面的规定翻译出来。他说他也是第一次去美国，不熟悉规定。我对《美国法规》也只是耳有所闻，这是第一次亲眼见到这部法规。下午安排我下船购物，买了双拖鞋及食品。

从28日起航开始，我几乎每天记航海日志。

2月28日：

16时，在两艘拖轮的拖带下，船缓缓离开码头，开始了美国之航。

18至19时，到驾驶台呆了一小时，学习读取雷达数据。船这时打了自动舵，沿280°航向行驶，航速13.8节(每小时13.8千米)。

18时30分收到航行警告，说南北朝韩海军在北纬34°40′东经128°处发生战斗，朝鲜一舰艇沉没，韩国在搜索。立即告诉了值班的大副，并汇报船长。二副在海图上找出方位，打仗地点距离船的计划航线仅20海里。为安全起见，对航线做了必要调整，远离危险。我这才知道“navigational warning（航行警告）”对航行安全的重要性。

3月1日：

睁眼醒来，已是七时许，到餐厅用早餐，吃的是元宵，还以为是正月十五。

饭后上了驾驶台，一看海图，船到威海海域快出渤海湾了，以14节的速度，顺风、顺水、顺流向东开航。11时许，到了成山头附近，从雷达上看到许多渔船，高频电话不时听到船与岸台的对话声。有一艘船操着荣成腔通报它是“荣霞”号，询问能见度是多少。过了成山头，便掉头往偏南方向直航韩国的釜山港。船要在釜山加油，因为釜山的油比国内便宜。

3月2日：

一觉醒来已是八时，船已在朝鲜半岛北端韩国海域航行，昨晚修正时差，拨快了一小时。

下午三副送来一份“任务应变卡”，说万一遇到弃船逃生时，我的任务则是放救生艇绳索、拿安全斧子。马元庆是九一届年毕业生，按理他应该升二副了，但他说在家做了两年小买卖不成，才又上船干三副。他说他在校时英语什么也没学着，这次在船上碰到我，一定要好好跟我再学习。他在校时没学着英语并非虚言，那时航海院校对英语刚刚开始有所重视，但他的英语任课教师是刚调至船院的张老师，学生都嫌他讲课像豆腐账，曾几次找我要求调换；教本也换了好几次，哪一本也没学到底，教学效果可想而知。我说我也非常高兴能在船上遇到他，希望他多多关照。

晚上，小马来我的住舱告诉说，船马上就要到日本海，会摇晃得越来越厉害。果然，上床后就觉得摇摆了。

24 时 37 分，船抵达釜山港锚地。这次我可把进港的全过程看了个清楚：如何要车速、如何变航向、如何锚下水等，第一次领教船舶的实际操作。船长不愧为一船之长，忙前忙后，分外紧张，但指挥若定，一切都有条不紊。船长姓许，很年轻帅气，第一次交谈他就说他认识我教过的一位叫葛目的船长，说他曾在葛目手下当过水手。葛目虽然是短训班学员，但却是我在青院教过的英语最好的学生之一，他那口纯正的英语曾在全院的英语朗读比赛上夺得第一名。我就是让他教会我住子喊舵令，才得以外派上船做了两年的远洋船员。许船长对英语学习抓得也很紧，我见他总拿着本《走遍美国》在读，而且对美国俚语很有兴趣。

3 月 3 日：

昨天一天在船上串来串去、跑上跑下，把全船看了个遍，累得一吃完晚饭就睡下了。

早晨八时，驶来一艘装载润滑油的驳船，靠在左舷；不久又驶来一平底船，由拖轮推着靠在右舷；平底船的缆绳刚刚挽牢，加油船便随后而至，开始加油。1500 吨柴油一直加到 14 时。15 时船起锚，恢复航行。

驾驶台上，船长根据美国发来的“气象导航”正在制定航线。我从未见过这种英文报文，它的内容有“天气情况（Wx condition）”“天气预报（Wx forecast）”和“推荐航线（Suggested route）”。这比气象报告明白易懂详细实用。我教过也编过“气象报告（Whether Report）”，现在方知道，原来船上获取气象资料已经不仅是电报报文式的“气象报告”了，还有这种“气象导航”。气导信息要花钱预订，以美国的气导内容信息最全面、最准确。另外，驾驶台上还有一个航海传真（Navitex）装置，可以近距离接受就近海岸提

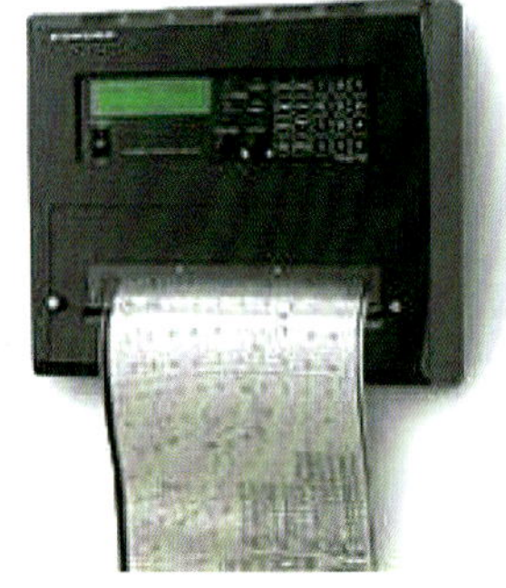

供的气象和航行警告信息。这种传真(messages)可24小时不间断地自动接收并打印出来,却不收取任何费用,其费用就是买相关仪器。

根据气导,预期5日过了津轻海峡后会遇上7级左右的大涌。

3月5日:

今天早晨往津轻海峡驶入时,风平浪静,海面如镜。

从10时开始轻微摇晃,政委到我住舱,帮我收拾东西,因为6日有大风。航线作了修改,往南日本方向航行,但据说即使从大风区的边缘航行也会吃风。果然,到12时,风力达7级,船头开始不时上浪,航速减为13.3节。

因此美国气导建议:

① 过了海峡走38°北,155°东,偏东南东沿日本航行;

② 在海峡里找港避风。

船长正在决策:在峡内港口避风,缺乏必要的详细海图,而且风过之后也必会吃涌。“涌的杀伤力比风浪更厉害。”老三如是说。若继续航行,从朝鲜形成的“storm”(在蒲氏风级表中为10级狂风)以35节的风速就会追上来。这样的风级,小马十年海上航行都未遇上过。

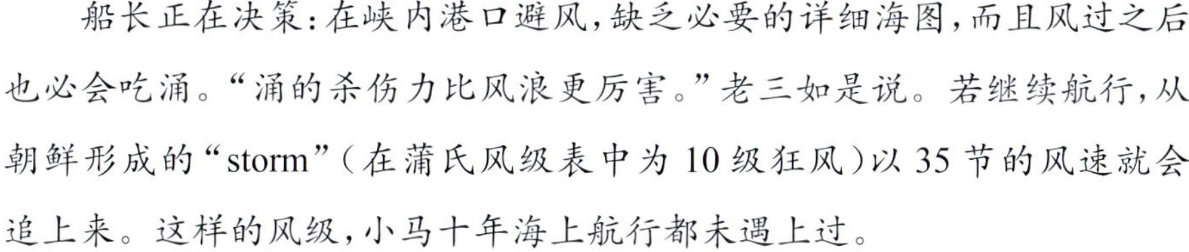

船长犹豫未决,他说等下午三四钟点再视情况而定。我现在知道气象资料对航行的重要性了。但见船长看着气导和气报,反复在海图上测算,看如何能避过这次十级狂风。气导说是“unavoidable(无法避免)”。

1530 hours 进了津轻海峡,风速达30节,阵风50节,10级的storm兜屁股追上来了,但船摇晃得并不厉害。尽管风大,顶浪航行,船速对水15节,对陆仍保持13.3节,这就是驾驶艺术。我中午还睡到14:40,船长看我没事,说我不会晕船。

1730 hours 用晚餐时备了啤酒,但因风大,喝的人很少。

1900 hours 船开始晃得厉害了。我在驾驶台觉得有点站不住,赶忙回了房间。政委来安慰我说，再过一个小时，船出了海峡就转向往南行驶，大概那时会好些。但愿如此！

3月6日：

昨夜狂风大作，颠簸摇晃，但不觉晕船。

0800 hours 船沿日本本州岛东岸行驶到仙台附近海域，海面浪涛汹涌，甲板上浪，十分壮观。我在驾驶台想拍照，但站不稳。

用了午餐回到房间后，觉得有点难受。因摇晃得厉害，在床上躺不住，便起来泡了杯咖啡，想提提神。谁知犯了兵家大忌，刚喝下去便吐了出来。幸亏只吐了几口就打住，赶紧躺下不敢动了。

1400 hours 摇晃得越来越厉害。桌上的东西抛了满地，床底的抽屉晃出来随船滚动，浴室里垃圾桶在咣咣作响，我在床上紧抓扶手翻来覆去。看着一地的东西我刚想起来收拾一下，政委连忙阻止我说："王老，这时顾不得东西了，人要紧。您老就好好躺着，您没事，我们就放心了。"政委姓边，我在船上的一切都他管。船上的政委就是个"不管部长"，什么活都得干，什么事都得管，是个"出力不讨好"的角色。

与政委在船上的合影

1600 hours 船长和政委来看望，劝我下床活动活动后吃点饭。晚餐去餐厅喝了两碗回锅饼，看了一会儿录像，又觉不适，回到了房间。躺在床上晕晕乎乎，任凭身子随船晃荡。有一阵子又觉要吐，强忍压下，翻身下床，已是夜里1点，抽了支烟，一直熬到5点，方迷糊过去。

3月7日：

0700 hours 驾助小尚敲门进来，我还迷糊未起。

0800 hours 醒来去餐厅，早餐已完毕，大台在刷锅了。到开水间冲了杯

奶粉加桃酥喝，便上了驾驶台。老三三副告诉说，昨晚最大风力到了12级，浪高9米，船的晃角20°。现在虽然风力减为9级但仍涌大浪急，船摇晃主要是涌的作用。他还拿着一张气象图指给我看，8日和9日还要吃风，而且是顶头风，届时会更厉害。马元庆说话的语气暗示我：你王老师真倒霉，怎么偏偏遇上这样的恶劣天气。我心里有点后悔，不该上这次船。

3月8日：

0800 hours 烈风，狂浪，下雨，甲板上大浪。大副打电话让我抢拍甲板上浪景观，我好不容易拍了两张。可惜没有摄像机，若录下这一景观，那太珍贵了。

这是又一个“storm”袭来，船在顶风顶浪中“labouring（艰难地行进）”。整个下午和晚上，都感到船在剧烈抖动、摇晃，听到海上惊涛骇浪，震天作响。

中午饭又没吃。

已经三顿没吃了，晚上政委给泡了点方便面，只吃了几口。

躺在床上，无法入眠。身子随船的剧烈晃动而滚动，全身像散了架；耳朵充满波涛汹涌声，每一个大浪撞击，像撞击心弦。

3月9日：

风暴过去，但仍觉难受。大副打电话让我无论如何下去吃点饭，我强打精神去喝了点稀饭。政委来房间小坐了片刻，劝我一定要吃饭，说晕船不吃饭对身体很有损伤。还告诉我说，有损海员身体的另外两大因素是：① 气候季节变化，一个航次就可能经历几个四季的变化；② 时差变化，这个航次的最后时差是10个小时。

3月10日：

终于风平浪静。船沿北纬38°，自东经162°行至169°，航程305海里。

晚上召开了第一次全体船员大会，船长布置了三项任务：

准备港口国检查；

扫舱；

让我开始教学英语。

政委强调了团结和内部的几项纪律。

会上，将我介绍给全体船员，还让我讲话。我没有准备，应酬了几句。

3月11日：

船过东经180°，是重复日。这一重复，时间重叠了一天。反正现在在茫茫太平洋上孤舟航行，不管什么日子大洋航行全靠海图，船按一张张海图标出的航线跑，以目前的航速，光跑完海图桌上这张4522号海图就得3天。我见海图室的抽屉里，太平洋这段航程还有十几张海图呢。

水手和驾助都撤岗到甲板干活了，驾驶台只留“officer（驾驶员）”一人值班。上午8—12时和晚上20—24

时，我基本上都与三副呆在驾驶台上一起值班。他趁机指着驾驶台上到处张贴的那些英文，向我问东问西。我不由得想，何不根据船上的实际编材料讲课？他十分支持我的想法。他说船上有取之不尽的英文资料，比任何英语教材都实际有用。

晚上做了第一个讲座，详细介绍了有关英语适岗考试事宜。船员知道我是管驾驶英语适岗考试出题的，很想从我这里讨个底。结果，我讲了两个多小时，他们脸上写着没底、心虚，这是因为我讲的都是实实在在地如何应试，而他们想要的可能是如何讨巧。

3月12日：

这几天风平浪静了，但我心里可不平静，一直惦记家里：女儿的预产期已到，到底是生男还是生女？是否一切顺利？

上午10时，在电报室试着发电传与家里联系，但几次都发不出去。船长干脆动用了船舶卫星通讯工具，拨通了家里的电话。当听说"是个女孩，可漂亮了"，我马上挂了。卫通很贵，1分钟10美元。"是个女孩，可漂亮了"，这就足够了。这精炼的八个字宣告：我有外孙女了；喜庆的即墨话报告：母女皆平安。我放下电话后的欣喜若狂难以掩饰，周围人纷纷祝贺我做了外公。I will never forget：我是在船上做的外公！我是在太平洋上做的外公！

今天晚餐时，餐桌上破例摆上了啤酒（船上平时只星期六晚准许喝酒）。船长特致辞祝贺我做了外公，邀全体船员共举杯，老大和老二（大副和二副）也向我频频祝酒。我十分感动，喝了上船以来最多的啤酒。之后，船长又提议唱卡拉OK庆祝，餐厅自我上船以来第一次显得那么热闹。我回到房间不禁写道：This is really a happy day！（这真是开心的一天。）

3月13日：

收到儿子发到船上的电传，开始以为他这个学日语的舅舅给外甥起了个日本名"木子"，拿回房间再仔细看，方看清是"木木"。怎么起了这样一个名字？但从电文看，全家都很喜悦，未做深究。

晚上包羊肉饺子，包饺子需船员齐动手，老三关照我一定要到场。

上第二次课，讲了点口语。之后，船上的医生来访，要学职称晋升医学英语。我一测试，他底子太差，感到真无法教他。

3月14日：

上午电报主任要我帮他翻译一篇材料。电报主任一般是船上英语水平最好的，不需别人帮忙，但这篇英文的确很深，是有关“千年虫”的辩论，即21世纪应该从2000年还是从2001年开始算起。他能翻译这篇材料足以显示他的水平，只不过他是江苏人，口齿不清，口语水平不是很好。

老三也拿了份有关高频电话的英文材料找我，我给他通了一遍，他立时明白了。三副有点小聪明，他对一些英文说明书，只要对照驾驶台的航海仪器都能弄明白。而我即使弄懂意思，也不知道真正是怎么回事。我们俩有很大的互补性，便尝试出了两道英语适岗阅读考试题。这是我上船的一项任务，我有了一个很好的开始。

晚上，老二叫我去大副室吃鱼，原来几个高级船员都在场，吃的是上次过巴拿马运河时钓的鱼，喝的是外国啤酒，一直喝到子夜。这可能就是船上唯一的夜生活。

3月15日：

还有10天就到巴拿马了，现在船经夏威夷以北海域航行，纬度低了，天气变得温暖如春，说再过几天就要过夏天了。光在太平洋上不到一个月就横跨冬、春、夏三个季节变化。

船上在紧张准备到美国的港口国检查。老二请我帮他准备英版海图及图书资料，这都是船上实实在在的有效资料，而不是教科书上描绘的东西，让我有了很好的学习实践机会。

船员们在合计到美国购物了，他们到一个港口必然要上岸购物，而且都是“good shoppers”，哪个港口有什么好吃的、好穿的、好用的、好看的、好玩的都一清二楚。他们几乎什么都买，有的还买过猴子、鹦鹉等活动物。我凑过去听他们说，到美国购物的首选是深海鱼油，便问他们深海鱼油的英文怎么说，他们脱口而出“deep sea fish oil”。太高明了，船员就有这份英语天赋，能把掌握的有限英文单词发挥到淋漓尽致的最高境界，而我压根儿就未想到可以词对词地译。

我的首选是给外孙女买礼物。上船时的最大遗憾是未带胶卷和摄像机，到美国一定补上。

3 月 16 日：

昨夜还风雨交加，今晨却风和日丽。

这一天的收获颇丰。第一，与老三值班时共同研究出了 20 道英语口试题。这 20 道题才是真正的船员英语适岗题目，适岗考试就应该从船上的实际出发，而不应该从书本上抠字眼。第二，与老二继续准备航海图书资料时，弄清了两种《航路指南》：“Sailing Directions”与“Coast Pilot”的区别，还学会了如何改正“Coast Pilot”。在全球航海，大洋上有“Sailing Directions”，各国海岸有“Coast Pilot”。为了全球的航行安全，编制出这么严谨的航海图书资料，可谓用心良苦，不知是谁又是怎样编制出来的。

3 月 17 日：

受两个气压的影响，船昨晚又一直在摇晃，起床后无心下去吃饭，只冲了杯茶。在房间将今晚讲课内容用打字机打好，交给政委去复印，便上了驾驶台，但没有精神继续出题。

中午睡了一觉，仍觉昏昏沉沉，又上了驾驶台，看到几只海鸥在 3 号舱盖上戏耍。它们成双成对在亲热，完全不怕人，水手老滕就在旁边 2 米处干活。老轨过来告诉我说，这几只海鸥已经随船好几天了。在大洋上海鸥以船为岛，把船当家；船员视它们为伙伴，待它们为嘉宾。他说，有一次从巴拿马飞到船上的海鸥，一直跟随到夏威夷才离去。

就在我写这段日记时，二副打电话告诉我，对面开来一艘对遇船。已经半个月未碰到一艘船了，我赶忙跑到驾驶台，影影绰绰好像是艘集装箱船，雷达显示距离11海里。不一会儿见驶来的是艘OCCL的船。OCCL公司是台湾第二大海运公司，创始人是宋子文。老轨说，这艘船的船长月薪8000美元。

3月18日：

今天又拨快1小时，说明又过了经度15度，现在与国内的时差是8小时了。

上午老三去干活，船长替他值班，与他摆了一上午的龙门阵。此人性格开朗，很善言辞，而且满肚子故事，特别是几个诙谐故事，讲得我开怀大笑。不愧是“走过南、闯过北、太平洋上撒过水”。绕地球跑了不知多少圈的船长，不但航海经验丰富，社会阅历也见多识广。

下午，电报主任小甘又拿一段英文文章到房间来切磋，足足一个小时才给他解释明白。

但晚上机工小吴（因他很胖，都叫他吴胖子）来求教英语就令人苦笑不得了。他初中文化，未好好学过一本英语教科书，却想通过英语二级考试。我给他解释了半天，他一头雾水还是缠着不走，直到老三来才解了围。

3月19日：

上午到驾驶台看海图（我已能大体看懂海图和气象图），知道已驶近美国西海岸，离巴拿马仅有十几天的航程，茫茫太平洋终于被甩在了后面。由于已过了30°纬度线，天气转热，有的船员已换上了短袖衫，各层甲班门都洞开，习习海风扑面，令人心旷神怡。凭栏眺望：淼淼海水，不见陆地，偌大的一艘货轮宛如一叶孤舟；海天一色，平静如镜，不由顿生诗情画意。见船员都在紧张地干活，我也去帮老三描救生艇的英文字母。这是我第一次上船干活。

我想去拍下那几只海鸥，但不见了。船员说是吴胖子昨天抱起一只来喂食，将它们吓跑了，但也可能是没有风浪了，海鸥再也不需要以船为家了。

晚上讲“购物”方面的英语，课后船员围上来问三问四。他们说过去购物全靠打手语，现在总算能对付两句了。船员经年累月在国外不用语言也一样购物，这也是项本事。

3月20日：

与老三共同就“港口国检查”的内容及如何准备，出了两个“Topic”口试题，这两个题目填补了英语适岗口试题空白。港口国检查，实则应为“港口国管制检查”（英文为：Port State Control Inspection，缩写：PSC），是20世纪90年代中期才实行的一种强制性检查，2000年以前的教科书都没有这方面的内容。如何应对各国特别是美国的港口国检查，成了中远船只的大课题。船长看了我写好的材料，奇怪地问：“王老，您怎么会对这如此熟悉？”我哪好说是凭我多年的摸索、凭我不懈的苦心钻研熟悉的。

天热了，我没有夏天衣服可换了。除了胶卷和摄像机，没带足够的夏衣也是一件十分愚蠢的事，巴拿马比海口的纬度还偏南，看来到美国还要买夏衣。

船员这两天在猜测：到美国卸货后船会装什么货到哪个港口？

有的愿到韩国和日本，说那里购物便宜。

有的愿装粮食，说船一装粮食甲板就落满鸟类，可以捉到鸽子和小鸟，甚至拣到当场撑死的野鸭子和大雁。在船上捉鸟倒是件新鲜事。

有的开玩笑说希望装化肥到青岛，王老师回家就方便了。

我原来希望再到欧洲，跑个苏伊士运河—印度洋—马六甲海峡的航线。不过，听老三说那要六月底才能回国，我打退堂鼓了。

3月21日：

想结合到美国靠岸后的实际编个材料上课，但心中无数，便到驾驶台与老三策划。他不假思索地将船靠泊后的各样工作一一列举出来，真不愧是老船员了。我将他的汉语写成英语，马上回房间打出来。本来心中无底的东西，与他合作就一气呵成了。

下午，医生来房间给我送书，他负责保管书籍，我让他选几本武侠小说。他57岁了，已经跑了40多个国家，马上要退休，真想考个职称好将来在陆上行医。我见他是个好人，答应了帮他整理那本医学英语，好歹我在坦桑尼亚当翻译时接触过医学英语。

晚饭吃了4个天津“狗不理”包子（船上大厨厨艺很高），刚回到房间老三叫我上甲板散步。气温已升到25℃，船员都到甲板上活动了，从左舷到右舷转一圈就是400多米。在艏楼，我问老三那只大铁锚有多重，他说9～10吨。7万吨的大船需要这么重的铁锚，否则怎么能将其泊住。船舱周围有许多管道，我问作何用途。老二说不知道，老三一一指出：最粗的是压载水管，较细的是消防管，还有液压管和水管等。他说船上的饮用水是陆上的，而非饮用水是海水淡化的。怪不得船上用水不怕浪费。

3月21日：

船过了北纬24°，西经110°，天热开始放空调。

看武侠小说读到“天有不测风云，人有旦夕祸福”一句，触到心底的痛处。当今，风云已不再是不可测，像在津轻海峡的十级“storm”，气象报告早就作了精确预报，若不是在釜山港加油一天，它就追不上来了。倒是“人有旦夕祸福”确实有不可知性。女婿的病可谓旦夕之祸，令人难以置信、难以接受、难以承受、难以想象后果。好好的一个家，怎么会这样？小说做的诠释是：是祸躲不过，听天由命。难道真要听天由命？！昨夜一夜难眠，在苦思冥想这旦夕之祸终将如何结束。

3月22日：

尽管开了空调，气温仍很高，中午睡不着觉，到驾驶台与老二攀谈起来。原来他也很健谈，故事也不少。他毫不隐讳地谈性，说中国船员太可怜、太孤独、太寂寞。性的缺乏使他们痛苦、变态；性的缺乏使他们感到航海这个职业太无情、太不人道。他告诉我说，外国船长可带老婆或姘妇、妓女上船，船员抵码头可租妓女进房，而中国船员唯盼抵国内港与家人小聚几日。许多船员因错失良机，而悲伤不已。

老二对中国船员的待遇问题也有其独到见地。他觉得中国船员的待遇理应比外国的高才对。他用一口上海腔说:“因为同样的海洋,同样的风浪,我们中国船员因设备比人家的差吃的苦头比人家多。”不过,他引用了外刊上的一句话:“海员是全世界劳工中最弱势且最受剥削的一群。”

老二还发牢骚说,即使这样,船员还都被当做“唐僧肉”,一回到国内,就要被层层剥皮:海关要、铁路榨;回到家,亲戚、朋友、上司都要打点到,否则就影响关系。他告诉说:“王老,你知道吗?你那个学生葛某就因此与他父亲反了目,弄得他痛哭流涕。”我一听大吃一惊,葛这个老实人还有这样的苦衷。

他还透露了船员在船上的伙食费的一些问题。对这些船上的秘籍,我无言以对,只能回到房间赶紧执笔记下来。时间是,23日晨4时,与老二一起值完班后。

3月23日:

今天抵达危地马拉近海,再过5天就到巴拿马了。

船长听说我未带胶卷,送了我两个,这足以将12小时的过运河过程和景色拍摄下来。

租船人来电传了:本期租到4月7日到期,届时将还船(redeliver)。4月7日是船抵美国的ETA(预期抵达时间)。租船人之所以还船不继续租了,是因为目前船速只为13.5节,未达到租船合同规定的14.5节。

这样船只有两个选择:第一,再找租船人,或期租,或航租;第二,由天远调配,到哪个港装点货回国。反正不能压载空航,就这样装了5万吨还不挣钱,放空回去赔得就更大了。天远1998年原计划盈利7个亿,结果却因受金融风暴影响而相差甚远。

3月24日:

看武侠小说打发时间。

下午2时40分左右,正在房中看书,忽然听到船上方传来隆隆的马达声。奔出房间一看,但见一架浅蓝色飞机低空掠船而过;不一会儿,又掉头从船尾飞过来,沿船右舷低空掠过。机上P.Z.字母清晰可见。我不禁有点紧张，以为发生了不友好的敌对行动，急忙上了驾驶台。船长和轮机长都已在那里，他们泰然自若地告诉我，飞机是来侦察船的排污中是否含油分。为防止海洋污染，对船舶排污有严格规定，一旦侦察发现航行中排污含油，你到美国时高额罚单早就等着你了。说话间，飞机划了个弯又从斜里掠过，然后扬长而去。猜测飞机是墨西哥的，不是美国的，因为船仍在墨西哥沿岸航行，而飞机遁去的方向正是墨西哥。

这是一场虚惊，但发现不少船员和我一样紧张。船员平时忌讳说死，心里却最担心生命安全。上一航次，机舱失火，直升机都飞来帮助救了半天一夜，不少船员吓得失声痛哭。船上采取的最多措施是消防和救生。我进到救生艇内去看过，里面压缩食品、淡水、燃油等应有尽有，求救、逃生和操艇设备十分完备，但船员说，等要上救生艇这一步就隔生命危险不远了，再现代的设备也不一定管用。别看"高州海"轮是7万吨大型船舶，船壳很薄，最怕触礁，风浪天气航行则最怕大副货物配载不当。

3月25日：

昨夜船又晃，看小说到2点，做了两点笔录：

1."一个女人当姑娘的时候心眼往往都不坏，作了妇人心眼就变坏了。"好像《红楼梦》里的贾宝玉也说过类似的话，他就是因此才不喜欢结了婚的女人，而只愿与小丫鬟们厮混。

2."忘性大的人比记性好的人活得愉快。"蛮有道理：记太多的事，特别是记一些不愉快的事，能不累？

很晚起床，头有点昏沉，偏又二轨来请教英语到11点，甚觉疲倦。

晚饭后又到甲板散步，猛听见左舷一片"加油"声，一看原来海中一群海豚在与船竞浪赛跑，船员纷纷给它们加油，它们时而跃出海面，时而蜿蜒潜水，更撒欢地紧随不舍。竞赛持续了近20分钟，直到最后看来是游累了才败下阵去。这样的场面船员见多了，我却是第一次。

饭厅又在播放文艺晚会录像，在缺乏女性的群体里，观赏女歌手是种很大的慰藉。吃饭播放VCD时，船员能专心地留恋忘"饭"，船长经常要几次提醒:"把眼拿下来,吃饭!"而我每碰到吃饭播放这样的VCD,便端起碗就回房间。我对那些歌星从来不感兴趣。

散步时,政委说船员要过"三关":晕船关、寂寞关和时差关,而船长补充说:"还有海关、铁路关、调度关、老婆关、亲戚关。"

3月26日:

上午船长根据船速和距离计算出,船预计29日上午11时许抵达巴拿马,他可能要发报通知ETA(预计抵达时间)了。老轨说,到达后,下午一定要睡一觉,晚上才有精神钓鱼,叫我提着桶去捡就行了。看来到了巴拿马锚地就钓鱼已成了惯例。

天气热了,船上温度33°,海水温度30°,晚上又喝啤酒,凉啤酒下肚倒也舒服,再加船长和老二劝酒,喝下四瓶。带着醉意7点回到房间,不禁想家,但国内却是早晨7点,估计都尚未起床呢。

我从房间扶舷梯下到主甲板,独自一人漫步了一圈。老大在驾驶台看到了,立即派驾助小尚来把我送回房间。我以为是怕我喝了酒走路有失,但不一会老大亲自登门嘱咐我:晚上船员是不能单独一个人去甲板的!好像这是船上一条不成文的规定。

3月27日:

今天到了尼加拉瓜沿海,船员说这附近的国家很穷,用方便面就可换取硬币及吊床之类的物品。用方便面换东西岂不是穷换穷,还是别说人家穷了。

政委让我晚上讲完这次课后暂停一段时间,因为后天到了巴拿马船员就没兴趣学习了。我也巴不得空闲下来,巴拿马运河的船闸是世界独一无二的,哪本航海英语都必然涉及巴拿马运河的内容,难得此行能亲自见识,我可要仔细看个明白。

15时50分,船转向,从120°转到99°,直奔巴拿马而去。

晚上,我的讲课赢得广泛的欢迎。

3月28日：

晚饭后上甲板，见被刚刚下过的阵雨冲洗得干干净净。扶栏处微风吹拂，丝丝凉意无比惬意；船头划起层层浪花，哗哗声响宛如波浪拍岸；举目望远处，隐隐海岛已依稀可见。这是30来天第一次见陆地，心情与在渺茫大海中明显不同了，船员们开始有了欢声和笑语。

上船整一个月了，一个月的海上航行可以说受益匪浅。

首先，我了解熟悉了船员。我看到了他们工作的艰辛，也感受到了他们生活中的无奈；我看到了他们的默默奉献，也听到了他们的难言苦衷。远洋船员这个海上群体，可以很容易用纪律和奖金加以束缚，但他们的牢骚太甚是任何纪律和奖金不能加以约束的，因为他们在国外什么都经历了、什么都见识了，所以什么事都有比较、什么不满都能说出个理由。他们的这种“见多识广”不会被苟同，往往被大加贬伐，所以有人说：“你无法与船员深交”。

其次，学会了很多在书本清楚而在实践上模糊的专业知识，如：海图怎么改，气象图怎么看，船怎么驾驶，消防、救生设备什么样等等。

第三，收集了大量英语适岗考试资料：笔试选择题50个、口试问答题60道、题目说话10个及丰富的翻译题素材。

第四，到船上这个全新的环境，暂时抛开了压在心里的一切沉重的精神压力。

3月29日：

不知是马上要到巴拿马的激动，还是因天热，昨夜到1点半就睡不着了。出了房间到外面的甲板，发现昨天的阴雨已散尽，满天挂着星斗，海面上船只增多，周围那一簇一簇的辉煌灯火，照得海面粼粼发光，好一派海上夜景！我站在那里久久不愿离去，那实在令人陶醉，那景对我来说实在不可多得。能享受如此美景，也不枉一生做过船员。

7时40分，老三去接班顺便来叫我上驾驶台。船离锚地很近了，他让我及早上去做好准备。我赶紧冲了杯咖啡，端着就上了驾驶台。

船长已经衣冠楚楚、正襟危坐在椅子上，现在开始他导航了。

他先用高频电话与“Flamingo Signal Station（Flamingo 信号站）”联系，回话：“Call again when 10 miles from the Mordant Anglings（等离‘Mordant Anglings’这个地方 10 海里再通话联系）。”

再次联系，对方给的指定锚位是：“125°, 2 miles from the station（离信号站 2 海里 125° 处）”。船长在海图上定好锚位后，改航向为 351°。

11 点船抵达指定锚位，但就在准备要进入时却没有了倒车，船以 4 节的船速径直往前冲。船长赶紧通知船头抛锚刹车，然而抛了锚十几分钟锚链不吃紧，幸亏这时又有了倒车，他叫了个“Full astern（后退三）”之后，接着要了“Half astern（后退二）”“Dead slow astern（微速后退）”才把船泊定。

吃午饭时，我见老轨在向船长解释，肯定是为船失去倒车的事。

下午 2 点，我正在驾驶台拍照远处的巴拿马城，一艘交通艇靠上船，PSC 检查官员登轮做港口国检查了。当时船长在大台应付各类手续，驾驶台上只有驾助小尚一人，见一位检察官已经进了驾驶台，只好上前接话。

Mordant Anglings 锚地 ↓

PSC 检察官：Steering gear OK？（操舵装置正常吗？）

驾助：OK.（正常。）

PSC 检察官：Any Gyro error？（电罗经呢？）

我见驾助没反应，便小声提示他："电罗经有误差吗？"

PSC 检察官：Where is Logbook？（航海日志在哪？）

我让驾助拿航海日志给他看。

PSC 检察官：Whistle？

他的意思是汽笛正常吗，我让驾助鸣笛给他听。

PSC 检察官：Hard Starboard！

驾助照他下的舵令打"右满舵"，但未打到 30°。

PSC 检察官：More，more！（再打，再打！）

驾助把"右满舵"打到 35°。

PSC 检察官：Stop！（停！）

忽然他一转身对我说:“Doilet? ”

我一时没反应过来,因为他的英语发音很含混。这时二副已来了,他领检察官去了厕所。

我这才明白,他把 toilet 说成了 Doilet。船员都听惯了非标准英语,知道要检查厕所。

我自我解嘲地补问了一句:“Oh, you meant toilet? ”(你刚才的意思是厕所?)

但他的解释也是自我解嘲:“Yes, in English ‘toilet’ ”好像他刚才说的不是英语。

例行检查完毕,他开始往表格上填写“Yes”或“No”。

填完后,他指着表格上的船名问我:“What does ‘GAOZHOUHAI’ mean ? ”他把 GAOZHOUHAI 拼读得很清楚。他不明白“高州海”船名这三个汉字的意思。

“‘高州’ is the name of a place, while ‘海’ means ‘sea’ . All COSCO ships named after ‘sea’ refer to bulk carriers.”(“高州”是个地名,“海”就是英文“sea”。中远凡以“海”命名的船舶指的是散装船。)

“I see.”他说是明白了,其实不一定。但临走时,当我说“Thank you”后,他问:“How do you say ‘thank you’ in Chinese?”我一说“谢谢”,他立时学会了。

这是我第一次经历港口国检查,也是第一次听巴拿马人讲英语。

3 月 30 日:

因为“No schedule”(“没有过河时间表”),船在锚地待命。运河一天只能通过十几艘船,而锚地的船多得数不清,看样子明天能开始过就不错了。

船员开始钓鱼,但由于海流太大都未钓着,只有政委钓到一条大鳗鱼。

下午来了电传,通知“高州海”3 月 31 日晨 4 时上引水员,15 时 30 分要过完运河。也就是说,过完运河需 11 个多小时。

船员不甘心，又开始钓鱼。结果，要么钓不着，钓着就是大鱼。政委钓着一条很大的老板鱼，可惜五个人都没能将其弄上船，还连鱼钩让它带跑了。钓鱼是船员的一大乐事，既能打发时间，又能享受口福。晚饭时，新钓的鱼就下锅了，大副又叫我去喝酒吃鱼。

3月31日：

今天过巴拿马运河，这是上船以来最难忘的一天！

巴拿马运河这个名字，在小学就听老师讲过，到青岛远洋船员学院后，我编写过有关巴拿马运河的课文，还给船长讲过不下6遍的巴拿马运河航行规则(PCC Regulations)，但那都是耳闻的东西、书本的知识。只知道巴拿马运河长81.7公里，深13.5米，宽91至304米，有三组船闸(3 sets of canal locks)，过船闸需10小时，是用小型机车牵引(hauled through the locks with small railway engines)。

今天，却是实实在在地要从巴拿马运河上走一遭了，而且是乘地地道道的大货轮做过河航行。作为英语教师，我不是唯一的，却是为数不多的有此航海经历的人。

早晨5时许，政委敲响了我的房门，急匆匆地告诉我："船再有十分钟就要过桥进运河了，不要错过机会。"我赶忙胡乱穿了件衣服就上了驾驶台。

一到驾驶台，我见引水员已正襟危坐，船长也衣冠楚楚地站在岗位上，立时意识到自己的衣着太过于随便了，赶快返身回房略打扮了一下。

再登驾驶台，船已驶近一座天桥。过了天桥，船徐徐朝一开阔水域

船驶近一座天桥 ↑

行驶，这时发现，船前一艘集装箱船打头，船后一溜串船队望不到尾，场面十分壮观。我明白了，这就叫“convoy”，过运河的船只都要“编队”，每艘船都有编号，依次排开，不能争先恐后地抢行。

船一驶进开阔水域，一交通艇靠上船，小艇像磁铁般吸在大船上。

带揽工们一个个敏捷地扶舷梯爬上来。大船是不停的，这需要相当的技艺和实践。怪不得“巴拿马运河规则”中有专门的引水舷梯摆放规定一节。

登轮后他们分成两帮，每帮 12 人，分头去了船头和船尾。

7 时 10 分我轮驶近运河入口，这时驶来两艘拖轮，开始由拖轮顶推前进。

↑ 巴拿马运河船闸入口

MIRAFLORES Lock of Panama Canal ↑

八点半船艏进第一个船闸：MIRAFLORES Lock，8 时 35 分艉进。全船进入停住后，开始往船闸注水。水流非常快，觉得比那年过葛洲坝船闸时快多了。船随注水开始慢慢上浮，好像就十几分钟，水位升至与前面的船闸平。满水开闸，9 时 25 分，艏出，35 分艉出，过了第一个船闸。

10 时 10 分进第二个船闸：MIGOEL LOCK，10 时 50 分出闸。

天公作美，空中飘来朵朵白云遮挡了那火辣辣的太阳，我才敢走出驾驶台到船艏去看个仔细。在艏楼上，大副手持对讲机，木匠站在绞车旁，在全神贯注配合带揽工操作。只见一会儿一根大缆带上岸挽牢，一会儿

两岸轨道上的机车牵引着船在船闸里行进

一根钢丝绳从导缆孔送上，两岸轨道上的机车牵着钢丝绳，一会儿引船行进，一会儿把船停住，船被牵引着始终在船闸中间稳稳当当地行进。

船闸的宽度几乎与船一样宽，船舷与河岸的间隙看似只有十几厘米，船简直就是按运河量体打造的，所以这种型号的船才叫巴拿马型船。什么叫“Navigate with great caution（十分谨慎地行驶）”？为什么在许多海事规则中都强调要“Navigate with great caution”？我现在算见识了、明白了。在这样狭窄的“lock（水闸）”里行驶，只要引水员的舵令有丝毫差池，只要船员操舵有丝毫闪失，如果牵引车的力度稍有偏差，船肯定就会撞到水门汀岸壁。七万吨的大船，装了五万吨货物，如碰撞岸壁，那后果可想而知！我这个旁观者心里都直发虚，不堪设想万一发生事故的后果。据说，这样的事故就曾经发生过。

船舷与河岸的间隙只有十几厘米（学生提供照片）

10时10分进第二个船闸——MIGOEL LOCK。10时50分出闸。

过了两个船闸，我方发现前面弯弯曲曲的河道时而窄、时而宽，宽的地方其实不是河而是湖。原来巴拿马运河中间是与湖泊接通的，难怪整个运河只需三组船闸（太平洋一端二组，大西洋一端一组，太平洋一端的水位比大西洋一端高24厘米）。

这真是一条令人类感到自豪和骄傲之河，是一条凝结人类无比智慧和艰辛劳动之河，早在1914年就能开挖出这样一条河，不能不使每一个目睹者充满各种遐想和感叹。巴拿马人更为这条大运河感到骄傲。我看到岸上一栋房子里坐满了巴拿马小学生，听见

老师在讲解什么，看来是在进行爱国教育。在二号船闸 MIRAFLORES LOCK 处，醒目地写着这样几个大字："PROVIDING PASSAGE TO 21ST CENTURY"（通向 21 世纪的通道）。当时运河还掌握在美国人手里，听美国引水员说，再过 6 个月就归还巴拿马管理了。我们船上就已经有两个巴拿马人在跟美国引水员实习，美国引水员很不甘心交权，当着我的面，咒运河"will go to the hell（将见鬼去）"，骂巴拿马管理人员都是"bad men（坏蛋）"。那可不见得，苏伊士运河归还给了埃及后不也畅通无阻吗？

运河两岸的风景美不胜收。巴拿马郁郁葱葱的热带植被，既不同于坦桑尼亚的原始灌木丛，也不同于海南岛三亚和泰国帕提亚的秀丽椰子林。巴拿马的椰子树都夹杂在一片片卷曲状树丛中，细密、卷曲的树冠枝条宛如船上带揽工头上的卷发。我把一个胶卷不知何时就照完了。我不仅拍风景，还拍了运河船闸和船上的工作照，这可是十分珍贵的资料，以后再讲巴拿马，利用这些资料，必会把课讲得更生动形象。

忙了一上午，感到很饿，午饭吃得比上船以来哪天都香都多。又回房间小憩了一会儿，到一点半又回到驾驶台时，发现前面的开阔水域停着不少船，我知道又要过船闸了。

这时烈日炎炎，热气蒸人，但我还是上了船头。下午登轮的带揽工，有两位是女的，其中一位身着白衬衣。这一帮一上来就各自找阴凉处躺下了，直到距船闸十几米处了，岸上的带揽工几次吹口哨催，大副也用嗓子喊，才急急忙忙起来撇下导缆绳。

身穿白衬衣的女带揽工是工头，她见我在拍照，便摆了个“pose”。我见她衬衣上印了个“Bos`n”，甚为好奇，因为“工头”的英文是“Bosun”，“Bosun”的写法已经是“boatswain”的简略了，把“Bosun”拼成“Bos`n”我

第一次见到，于是我按了快门。

过最后一道船闸了，我想观察得更仔细。这一次是由高水位往低水位放行。船刚刚进闸到位，就听见水哗一下子排泄下去，还不等我找好拍照角度，水放完了，闸门一开，船出来了。我一看表，是下午5点50分。

1999年3月31日5点50分，我轮从巴拿马运河西端的太平洋被神奇地送到了东端大西洋的加勒比。巴拿马运河不愧是“世界桥梁”，绕道南美洲合恩角(Cape Horn)要需3500海里的航程，经3组船闸、10个小时两大洋之间便顷刻横渡。

巴拿马运河之渡把我皮肤晒黑了，身体搞累了，但知识的火花把心灵点亮了，这条被誉为“世界七大工程奇迹”之一的巴拿马运河的记忆永远印记在

我的脑海里！

4月1日：

进入了加勒比海。加勒比海盗在1500—1600年曾风靡全世界，加勒比海也向来是风大浪急。今天上午就遭遇顶头风，船晃得非常厉害，有的船员都受不了，但我却不感到晕船。

今天天远领导来电表扬我在船上的英语教学。我觉得表扬实在不必，认真反思倒是需要，因为成天把“重视船员英语水平提高”挂在嘴边上，不如采取些实际措施付诸行动上。通过我一个月的观察，全船真正在学英语的仅船长一人在学《走遍美国》，其他人都在敷衍了事。我教得那样认真，而且是按船上的实际教，就没听见一个人有意识在平时实际运用。我有时用英语与他们打招呼，回报的只是一笑。英语水平的提高不能只是一句口号或号召，口号或号召永远改变不了中国船员英语水平低的现实。中国船员英语水平全世界倒数第三，仅比日本和韩国船员好点。

4月2日：

中午驶过牙买加，从收音机里可清晰听到那极富节奏感的音乐。接下来将要经过古巴和海地之间的“向风海峡”了。向风海峡是英国BBC编写的《WAVELENGTH》（标准航海英语）一书中提及的名字，原来书中提及的那艘“乌托邦”轮，航行的就是这里这条路线，没想到我这次竟也是沿这条航线。

下午进行了第二次消防救生演习，船长亲自指挥布置了任务，主要针对到美国后的检查。我又穿上救生衣，戴上安全帽，拿上太平斧。

4月3日：

从进入加勒比海以来，一到下半夜就觉得凉，都要起来加盖被子。昨夜二点又被冻醒，再也睡不着了，便索性上了驾驶台，不想船长和老轨也在驾驶台上。老二告诉我，他们是来值“防海盗班”。海地海域很不太平，常有海盗出没，昨晚又夜黑风急，所以各层甲板的走廊门都紧闭内锁，并加派了值班人员持斧把守。老轨见我听了有点紧张，安慰说：“海盗主要光顾百来米长的小船，上去将人杀掉把船劫走。像我们这么大的船，他们轻易爬不上来，一般不好出手。”尽管他做如此安慰，我还是对加勒比海盗的现世畏惧三分。

上午来了下个航次的任务：去新奥尔良装运大豆回国。这被愿意装粮食的船员猜中了，但回国内哪个港口卸货尚不清楚。

4月4日：

昨晚睡了个好觉，12时入睡，晨6时30分才醒，觉得精神好多了，但早餐又是油饼，没了胃口，仅喝一碗稀饭。

一上驾驶台，大副交给我一张纸条，让我给他翻译成英语，以准备PSC检查。老三可能昨晚让我吓唬住了，在自己忙着查阅英文资料，因为我告诉他我届时要帮老二而不帮他，所以必须把所有检查项目的英文预先背过。我说：“美国人的英文比巴拿马人说的那点英文可就复杂难懂多了，光知道怎么应对不行，还要想想人家可能怎么问你。”我这不是吓唬他，是实话相告。

9时30分驶来一艘对遇船，老三一看就告诉我那是COSCO（中远）船。果然，那条船上的老三呼叫了，说他是青远“天凌”轮的，去年7月就出来了，直到现在未回国，现航次拉钢材去韩国卸货后回国内修船。小马问他船上有没有青院毕业的，若有就告诉说英语王老师在船上实习，来通个话，回答说没有。他俩在高频电话上闲谈起青远要被合并到天远的热门话题，一直到两船互相看不见为止。放下电话，他告诉说青远船员在青岛静坐示威了，坚决反对合并到天远。竟有这样的事！总公司怎么能把青远撤销？撤销了青远，还能“上青天”（上远、青远、天远三个远洋公司的合称）吗？将所有船只都划归天远，青远的船员能答应吗？听说青岛市政府也不忿，都出面调解了。

4月5日：

从巴拿马运河过来以后的这段航程，本来以为在加勒比海航行能见到巴哈马群岛的诸多小国，谁知除了海地的一点海岸和一座灯塔，又不见

陆地,船一直远离陆地航行,连见到的船只都寥寥无几。所以美国卡迪夫(Cardiff)之威尔斯大学研究员报告说:“海上生涯是世界上最寂寞的职业之一。”我过去一直不理解:为什么船员学员的性格都那么怪怪的?现在知道了:船员不但不能与家人、朋友和同学正常联系,也和陆地、植物和生物隔绝了。这种隔绝感造成了心理上的荒漠、孤独、冷漠、扭曲、怪异。

船员在海上航行时不能进行个人通讯,只有抵达港口后才能到岸上与家人简短联系。有人已建议在船上建立国际网络,如:E-mail,我觉得非常应该、迫切。天远领导不知怎么想的,本来还让我上船教船员学微机,但且不说我不会教,就是会也无法教,因为船上那仅有的一台十分落后的电脑上只有货物配载装置,连基本的文字处理都不能做。

上午按要求将床单、被单洗了,明天到美国时要检查卫生,美国人要求很严格,全船都在忙着搞卫生,床上一律换新。

现在又回到北纬30°,船上停了冷气,室内闷热得就像青岛湿闷的夏天。

吃饭越来越成了大问题，没有了新鲜蔬菜，只有土豆、白菜、粉条及大肥肉，见了就掉胃口。回程的30天怎么办？到美国后一定要想办法，否则怕熬不过下一个漫长的30天。

晚上给天远领导王兆喜写了一封信，正面谈了我这次上船对如何加强船舶英语学习的认识。提出船舶英语学习必须具有“三性”：第一，实用性，即联系船舶实际；第二，适岗性，即适应船上各个岗位的特点；第三，实践性，即按STCW 95公约的明文规定要求，重点加强说和写的语言实践能力的提高。

这是我这次上船对船舶英语学习的一个全新认识，不知他能否接受？

我之所以提出“三性”的建议，是因为我觉得目前整个中远系统的英语学习之所以事倍功半、收效甚微，就是与此背道而驰，但下面这些话我没向他直说。

真是不见不知道，一见吓一跳，原来船上的英语学习氛围如此之差、动力如此之小、水平如此之低。基本状态是：仅限于能大体上看懂、听清自己岗位上的那点英语，而这还算不错的了。如何应对则只能靠蹦单词、打手势，基本说不出个整装句、表达不清是怎么回事。船员对离开自己岗位的英语无心去学，说句应酬话都相当困难。成年累月跑全球，回到家说不清到过哪里的人大有人在，因为不知道世界各大港口的英文怎么读；成年累月逛外国港口，见了外国人就矮了半截，甘愿装聋作哑，因为真打起交道来拙于应付。最令人难堪的是船员的笔头英语，基本是汉语式的叠加；即使这样，能写出个英语句子来也就不错了。

船上船舶英语学习没有强制性、统一性的长效机制，领导在大力提倡加强英语学习，下面却在应付公事。每个航次都规定学本书，学完了就考试一下，成绩向上一报，万事大吉，好像学英语是你领导要我学我不得不学。因为脱离实际、动力不足、缺乏检查，所以收效甚微。要打破这个症结的关键是领导的指导思想。

4月6日：

1300时上了引水员，船开始驶入 Chesapeake Bay。Chesapeake Bay 是美国东海岸一条狭长的海湾，全长320公里，欧洲人最初就是从这条海湾进入美国国土定居，美国独立宣言也是在这里起草的。想不到我也是从这里第一次踏入美国，本航次五万吨焦炭就是运给海湾内一个叫“Sparrow Point（麻雀角）”地方的一家炼钢厂，炼钢厂离历史名城巴尔的摩不远。

引水员一上船，船长就把我做了引见，他马上翻开记事本照本念“你好”。我一看他本子上还用拼音记的“早饭、午饭、晚饭、抛锚”等。他让我也教他句汉语，我先说英语“Qingdao beer”，然后说“青岛啤酒”，因为刚才引见时我告诉他我来自中国青岛，他不知道青岛，但一听说青岛啤酒高兴地直伸大拇指。

这时前面出现了一座很长很长的海桥，但中间却有两个缺口。我们都看不明白这是桥还是堤，老二让我问引水，一问才知道附近是马里兰州海军飞行训练基地，因经常有飞机起降，不能建桥而只好在水下挖隧道与两面的桥接通。就在说话间，低空中飞来两架喷气机，而前面不远处四艘战舰在游弋。到晚上8点，引水员指着左舷一处亮灯的建筑群说：“That’s the navy air base，specially training air pilots. That’s why there are so many air jets.（那就是海军空军基地，专门训练空军飞行员，所以才有许多喷气机。）”这个引水员非常健谈，听说我是英语教师上船实习，他很惊奇地说：“You are sure to be a better teacher.（你肯定会是个更好的老师。）”他并要我一定把上船的这段经历写成故事。看来外国人的思维和中国人就不一样，他们把人生经历中的点点滴滴都当做宝贵的财富十分珍惜，而我却丝毫没有想到这一点。

“Chesapeake Bay”的确很长，从下午1点一直航行到子夜12点，才在炼钢厂边的一个十分狭窄的泊位上靠岸。航行时间与“进港指南”注明的一样，是11个小时。

美国人的工作效率就是快，船一靠泊，卸货立即就开始了。船长原来估计5万吨焦炭怎么也得7天才能卸完，但美国工头却说5天就行了。5天的卸货时间可安排下地。

4月7日：

夜里2点我正在睡觉，电报主任敲门要我去领登陆证。

到了大台，见三个美国佬已经在办理联检(joint inspection)。移民官员是个黑人，他向第一个领证的船员善意地问：“First trip to America?（第一次来美国吗？）”那位船员装聋作哑，不置可否。老黑立时阴下脸来，低头按照船员名单叫名字，船员过去他看都不看了，把登陆证往旁一丢。轮到我的时候，他抬头一看问：“Why are you a teacher?”“You mean why a teacher is on board the ship?”我把他的问题做了补充。也许是因为我是第一个用英语和他打招呼，也许是因为我的英文补充刺激了他，他露出白白的牙齿笑了。“I'm a teacher teaching mariners English，now on board for practice.（我是教船员英语的，现在船上实习。）”这句话我早就准备好了，我料到老外会问为什么船上有老师。听了我的回答，黑人移民官的脸放晴了。也难怪人家“老黑”不高兴，在我前面的人，没有一个在接到登陆证前问个好、在接到登陆证后道个谢，都在装聋作哑。

联检刚完，大副叫我去他那里，见装卸工头在和他研究卸货事宜，但他一句也听不懂。工头是个老头，面很慈祥，说话很难懂，好像是爱尔兰口音。帮大副搞定后，电报主任又叫我帮他联系上食品，主要是为回扣的多少帮他讨价还价。其实他没用我帮，他向对方伸了几次指头就成交了，回扣是多少我也不清楚。

这时已经清晨4点了，在大副那里喝了啤酒，回房一睡就到了8点。

等我8点起来上了大台，美国海岸警卫队早已经上船。海岸警卫队也是三人，其中也有一个黑人，只听他最后对船长说：“Please connect all the hoses one by one along the port side and test with 5 pound.” 我知道马上要开始 PSC 检查了。

政委急匆匆来找我，要我赶快去帮帮轮机部。这是我上船以来第一次下到船底的机舱。一进机舱，迎面扑来的是一股热浪和震耳欲聋的机器轰鸣声。或许是因为噪音太大或温度太高，一位白人美国检察官疾步边走边问，我不熟悉机舱的路径，落在后面根本连他问的问题都没法听清，幸亏轮机老二紧跟着他做了“Yes”或“No”的回答。轮机部检查不到十分钟就结束了，而回到甲板部一看却老虎拉碾——乱套了。

只见救生甲板上，救生艇施放到一半就放不下去也收不回来，悬空在船舷中央。再见主甲板上，船尾一根消防皮龙直往天上在喷水柱，船员都拥在左舷一边，两个人抱一皮龙卷，把 7 个货舱的皮龙一根根抱到生活区的水龙上测试，用的压力不是 5 磅而是 8 磅，几乎每根接上都漏水。

那位黑人美国检察官对这一混乱场面很生气。他见右舷的皮龙没有人去动，便抓住我当翻译，指示让二副将一号舱皮龙箱的皮龙取出，再到二号舱将皮龙取出，然后慢慢地大声说：“Ok, now connect the two hoses.” 驾助小尚这时跑来将两根皮龙接起来。黑人检察官又大声、慢慢地指令：“Ok, now close the end of the second hose.” 我叫小尚去关上第二根皮龙，他却说关不上。我说人家说关就肯定能关，黑人检察官一见他迟疑，便走上前一把将皮龙关上，同时又发指令：“OK, now test with 5 pound.” 小尚上去就大开了水龙，黑人检察官立即提醒：“Stop! 5 pound, 5 pound!（停！5 磅，5 磅！）” 水龙充满水后，黑人检察官用脚踩了踩，发现第二根皮龙三处冒水。“Do you have spare parts（有备件吗）?” 小尚难得用英语作答：“Yes, new, new.” 能这样说出“有新的”，外国人也能明白。在小尚去取新皮龙时，黑人检察官转身对二副说：“Now test the rest of the hoses this way（其余的就这样测）.” 二副赶忙组织人如法炮制。

而这时左舷的船员还未忙活完，三位美国人不堪目睹，干脆皆退避三舍，扬长而去。

都说美国港口国检查难，现在看难的首先是语言，是语言关难倒了中国船员这帮“英雄好汉”！假如语言过关，这次检查项目不难过关。这次可能因为船长过于紧张未听准“Please connect all the hoses one by one along the port side and test with 5 pound”这个长句的意思，把“connect all the hoses one by one along the port side”（“将全部皮龙一根根沿左舷接起来”），可能听成“将全部皮龙一根根接上在左舷做测试”，而后面的语意“用5磅压力测试（test with 5 pounds）”却“贪污”了，才导致船员动真格的都用了8磅，结果检查的和被检查的双方都下不了台。

语言不过关，也使中国人丢了颜面。

例1：消防演习做得很好，船员在规定的时间内都齐刷刷地在消防甲板集合好。Boss连说了两遍：“Good job，dismissed.（漂亮，解散吧。）”大伙儿还直挺挺地站在原地不动。Boss莫名其妙在发愣，我赶紧说：演习结束，散队吧。这才解了尴尬。我听一个老美在旁边说：“They don't know English（他们不懂英语）？”

例2：关于重新检查的时间，黑人检察官的意思是星期五，说他星期六和星期天要去会女朋友，船长可能理解为：他想带女朋友上船看看，于是竭力劝人家“Bring your girl friend on board”，弄得黑人检察官哭笑不得。要人家“把女朋友带上船”干什么？

今天是十分疲倦的一天，也是令人极为难受的一天！

4月8日：

早晨刚醒，政委来催我说：“王老，快下船去踏踏实地，长时间站在船上的钢板上，人受不了。”我没问为什么，因为早就听说十个船长九个身体不好，就是由于长时间生活在浮动的“国土”上。30天没着陆的我，脚刚一占地，腿的确有点发虚。

今天代理安排车下地去一个叫Eastern Point的地方购物。到了Eastern Point才知道，它是麻雀角（Sparrow Point）的东角，相当于崂山沙子口这样的一个小镇，但其绿化美化之好却可与大连城市媲美，而购物的商场叫“shopping mall”，其规模之大、装修之豪华、商品之齐全都不逊色于国内的任何大型超市，而且区区一个不起眼的小镇却有三四家这样的“shopping mall”。“Mall”这个词本义是宽广的、有树荫的、像公园样的大道，美国将主要是建在郊区的、仓储兼零售式的大

型购物中心称作“shopping mall”。这种购物中心给我的印象有三。第一，购物环境幽雅、休闲、舒服，没有熙攘拥挤的人群。第二，服务周到、便捷，那才真叫宾至如归，到家了。我想给刚出生的外甥孙女买点东西，向一位中年白人服务员问询，她彬彬有礼地亲自引导我到婴儿物品专柜。买好后，她还亲自领我去付款。第三，“mall”里的东西好像比小店铺都便宜，可口可乐在 mall 里是 5 美元 24 罐（两箱），而小店里是 3.95 美元 12 罐（一箱）。

我一人到街上逛了逛，看到一家“THRIFT STORE”，进去一看，果然是低价店，其中一套“World Book”百科全书吸引了我。我翻开一本看了看，书八成新，印刷质量特好，图文并茂，连审判“四人帮”的图片都有，顿时起了想买的念头，但怕太贵，没敢问津。

到“Eastern Point”购物是供应商用车送的，回船时要自己搭“bus”。美国的“bus”不好搭，因为都有私家车，公共车车次很少，而且同样是 No. 10 bus，却有开往不同地点的标志，等了近 2 个小时才发现开往“Sparrow Point”的那趟车，回到船上已经是晚上 7 点了。

去“Eastern Point”是我第一次踏上美国的国土，对美国的第一印象就是“真富”。

晚上，我让那套百科全书搅得睡不着觉。一套百科全书就是一座知识宝库。我一个同事当年能从尼泊尔乘飞机带回一套，我现在有这么条大船，

还怕运不回去？大副让我明天陪他去购物，我一定要问问价钱，只要可能就买下它！

4月9日：

上午大副忙这忙那不得空，直到午饭后他才将配载图弄好，因今天未安排车下地，大副、老三和我去了公交车站，但听说公共车三点才来。

老三让我去问一驾车的老黑能不能搭他的车，我试着一问，他欣然同意了。但人家不是去“Eastern Point”，我们三人搭他的车到了一个10路公车站，他停车让我们下来乘车去转23路。我问他去东角还远不远，他说不远了。大副说干脆步行吧，谁知走了近半个小时却走错了方向，往巴尔的摩走去了。这时我建议将错就错，搭的士去逛巴尔的摩。

一辆CAB开过来，美国的出租车叫CAB，里面真宽敞，我们三人都坐进后排也不觉挤。但开车后才发现前坐一位黑人女士，她回头说了半天我才弄明白，她让我们与她合乘，可以省钱。可她说的下车地点我不知道在哪，到底怎么个省钱法我算不清楚。直到她下车付了7美元的车费，司机又把我们拉到巴尔的摩要了我们5美元，我才恍然大悟是人家做善事省了我们的钱，而我却连谢谢都没说。我对美国的第二印象是“美国人挺大方嘛”。

在巴尔的摩照的相就这一张清楚

在巴尔的摩逛了一个来小时，领略了美国这座历史名城(曾经作过两个月的美国首都)、世界第七大港口城市的风格，觉得它虽然古老(城徽上写1797年建城)却十分摩登，几乎每一栋建筑都是精品屋，自然、严谨、大度；街道没有喧嚣，没有噪音，和谐，宁静，流畅，与中国的城市正好形成鲜明的对照。可惜天气不好，照的相片就这一张还算清楚。

为了不虚此行，在一家Gallery商场买了两副扑克牌和一只水鸭木刻做纪念。他俩急着要搭公共车回“Eastern Point”购物，我怕再弄错方向，想找人问路，见街上到处是黑面孔，几乎像到了非洲。原来巴尔的摩的黑人特别多，占人口的一半。最终问一黑人青年，他说他也搭10路车，到了“Eastern Point”自会告诉我。果然，届时他说了声：“You drop here”（你们在这里下）。

一下车我迷失了方向，多亏那座教堂指引我找到了那家THRIFT STORE。大副一进去就动手挑了一大堆衣服，我径直去问那个黑人姑娘全套书共多少本、总共多少钱？她说：“Let me go and check first, and then I'll let you know.”不一会儿她告诉说：“23 in all, 100 dollars in price, but we can give you a discount.（总共23本，标价100美元，不过我们可以给你打个折扣。）”我一听几乎不相信自己的耳朵，23本100美元！我又确认了一遍，她确实是说100美元。我马上下了买的决心：“All right, I'll take it. Please get it wrapped.（好吧，我买了。请将包好。）”“I'll put them in box.（我将它们打个箱。）”她说“box”的美音很重，我“pardon”了一次才明白。

黑姑娘将全套书装进两个结实的箱子，看到第二个纸箱还不满，又顺手装进一本词典。她见我还在翻弄其他几本书，便索性将纸箱塞满说：“All right, all this 80 dollars.（好吧，所有80美元）”我真嫌那只纸箱太小了。

带了两箱沉重的书，回程肯定要搭出租了，但等了半天没见辆车。我顿时想起在商场门前有一处TAXI STAND（出租车候车处），可能应该到那里去等，因为马路旁到处都有“NO STOPPING（不许停车）”的牌子。果然我刚到TAXI STAND，一辆黄色出租就过来了，我一说到码头，他回答道：“This is Baltimore cab. You should wait at the stand for local cab.（这是去巴尔的摩的出租，你要在候车处等当地的出租。）”哪是“local cab”？难道你的车就不是当地的？他见我满脸疑惑，便驱车到路上给叫来辆蓝色出租：“You may take this one.”。好心的司机说完掉头就走了。当我说明要到“Sparrow Point, Gate C, Wharf No.3.（麻雀角，C门，三号码头。）”，一个胖胖的白人女司机伸出头来答应了。“Baggage also charged”，她一见那两箱书，立时用一口很难懂的英语说“行李也要收费”。我一听很生气地问她“Why?（为什么？）”。“By the law!”她斩钉截铁地回答。若不是大副已经把东西放进了后备箱，我真不想搭她的车，但人家说是“根据法律”，你不好争辩。

开车后她态度一度有所缓和，但当她问我来“Eastern Point”时车费是多少，而我按公共车费说是1.35美元时，她又火了。“Cab fare.（打的费）”她厉声说。“No cab fare. By bus.（没打的费，乘公车）”我也用半截句回她。接下来她不知用哪门子英语边开车边喋喋不休，我使劲听才模模糊糊地弄明白，若打计价器她的车要比“taxicab”贵，她想按我们到“Eastern Point”时的车费付她，殊不知我们真的没搭出租。她以为我们故意不告诉是多少。到了码头，离船还很远她就停车了，我让她开到船边她怎么也不肯。她要了15美元，我也没看计价器，把钱一给扭头就走了。回船后一说，三轨说他付的车费是16美元。看来我们中国人总爱拿在国内的心态去衡量人，这个胖白美国女人计较是计较，但并不宰人。

这一天很累，但很开心，加上车费还不到100美元将一套百科全书买到手，太值了。

4月10日：

去华盛顿一日游。

从我获知这一航次是到巴尔的摩，我就从地图上发现它离华盛顿不远，我想如果这趟来美国能到华盛顿去看看就好了。

我从代理那里问清楚：去华盛顿只有1小时20分钟的车程。代理还告诉我一个联系人电话号码，说如果去，对方出车陪游一天只需100美元。这么近而且有这样的专项服务，不去则会终生遗憾，但船员都忙于应付检查，船上不统一组织，我只好决定自己一个人去。我向船长去请示，说我个人出资、个人联系可不可以。他说他哪里也不能去，有人提议去附近一家大西洋赌城玩玩，说去赌城还能得到一顿免费午餐和5美元的报酬。我说我不稀罕免费午餐和5美元的报酬，只想去华盛顿长点见识。他见我执意要去华盛顿，也就勉强同意了。我立即拨通了联系电话，一个叫Doreen的女人让我早晨八点准备好出发，往返车资就是100美元。

我说是自己一个人去，但为防万一，我强行拉上老二陪我。他说刚值完班要睡觉，我说你路上在车里睡。就这样早晨八点Doreen准时开车来到，开始了华盛顿之游。

谢天谢地，Doreen讲的英语很纯正，一路上的“communication”没问题。她是个上了年纪的加拿大女人，专门为船舶提供电话卡、导游、购物服务已达20多年。

上车后，我见她抽烟便给了她一盒中国烟，她高兴地说：“It's very considerate of you.（你想得真周到。）”而后她问我：“Have you got the deep sea fish oil?（你搞到深海鱼油了吗？）”我奇怪她也把深海鱼油叫“deep sea fish oil”，便问：“Do Americans call it deep sea fish oil?（美国人也叫深海鱼油吗？）”“No. Actually it's salmon oil, but you Chinese all call it deep sea fish oil.（不。其实那只不过是大马哈鱼鱼油，但你们中国人称其为深海鱼油。）”我这才知道怪不得我在巴尔的摩的商店里询问“deep sea fish oil”，店员不懂。我问她能买到吗，她说可以委托一个曹先生去办。我听说过曹先生，因为去赌城玩就是这个曹先生的提议，但我还未见过他。

说话间，车过了一座大铁桥就驶往华盛顿方向，中途经过巴尔的摩看到了昨天去过的港湾，原来到华盛顿一定要绕过巴尔的摩。早知如此，昨天就不去了。

车上了高速公路，公路上是一色的小汽车。“For this road, only cars, no trucks”（这条路只跑小汽车，不跑卡车），Doreen开始导游解说。是的，下边不远处的公路上跑的都是大卡车。看公路两边到处是茂密的护路树林，树木之高大足见绿化年岁之久远。别看她年纪有60多岁，开车技术蛮不错，车速一直达55英里。“55 miles is the speed limit,”她又作了解说。限速55英里相当于100公里左右，车速快并未耽误她一根接一根地抽烟，这来回路上她抽了两包烟，还不停地喝咖啡，那只大咖啡壶就固定在车门上，伸手可及。

经过一个多小时的车程，华盛顿映入眼帘，高高的华盛顿纪念碑、白白的白宫、错落有致的市容，真不敢相信竟亲临其境到了美国的首都，眼前竟是电视镜头才展现的一切一切。Doreen介绍说：华盛顿纪念碑自1998年开始整修，要进行两年，之后就可直上顶端鸟瞰整个华盛顿，我看到纪念碑上包了一层脚手架。

去国会山的街道挂上了中国国旗 ↑

这时她给了我一份游览路线：国会山→白宫→国家艺术馆→航空航天博物馆→林肯纪念堂→China Town。

去国会山的街道挂上了中国国旗，“Your Premier Zhu visited America the day before yesterday，”Doreen指着国旗说。朱镕基访美在英文报纸都有报道，但并未大事张扬，据说有些事情中美没谈拢。

参观国会需事先登记领票，我们看到那里排着长队，Doreen说恐怕排不上队了，因为一天只发500张票。她领我们去了白宫，她先主动熟练地给我俩照了张合照。

↑ 白宫前她给我与老二拍的合影

然后指了路线让我们自己去任意转。白宫基本不设防，我们胜似闲庭信步像游人逛广场一样自由地在四周转悠，从前面逛到后面，任意取景，尽情拍照，甚至当我爬上台阶坐下，一个背枪的黑人警察（只见到这一个）非但不管，还冲我笑笑。

美国就这样“自由”？这样的重地也任人闲逛？然而这是真的。

逛完白宫，我们径直去了林肯纪念堂，那里的广场上聚集了很多人，Doreen也不知道为什么今天的人数是往日的两倍。走近一看都是些印度人，原来是在庆祝一个印度宗教节日。但忽然传来军乐声，一队游行队伍走过来，看打的横幅上写着“Greet Cherry Festival”，华盛顿也有樱花节。

我爬上了白宫台阶坐下照相

林肯纪念堂留念　↑

林肯纪念堂不如毛主席纪念堂大，更不如中山陵气派，参观的人中黑人不少，Doreen说华盛顿的居民中黑人占了相当的比例，林肯解放了黑奴，黑人未曾忘记他。

我们只走马观花地看了看国家艺术馆，一无艺术细胞，二无时间细赏那些艺术品，没留下什么印象，只留了张纪念照。

我们本来不打算去参观航空航天博物馆了，但Doreen一定要我们去，说那可是世界独一无二的。果不其然，里面的航空航天器都是实物，连苏联的登月舱、宇宙飞船都进了美国博物馆。我除了感慨那些先进的航天技术，还感慨这种规模的博物馆都免费参观，这在中国门票还不知多贵。Doreen说得对：这些都是老百姓的纳税钱，应该免费的。

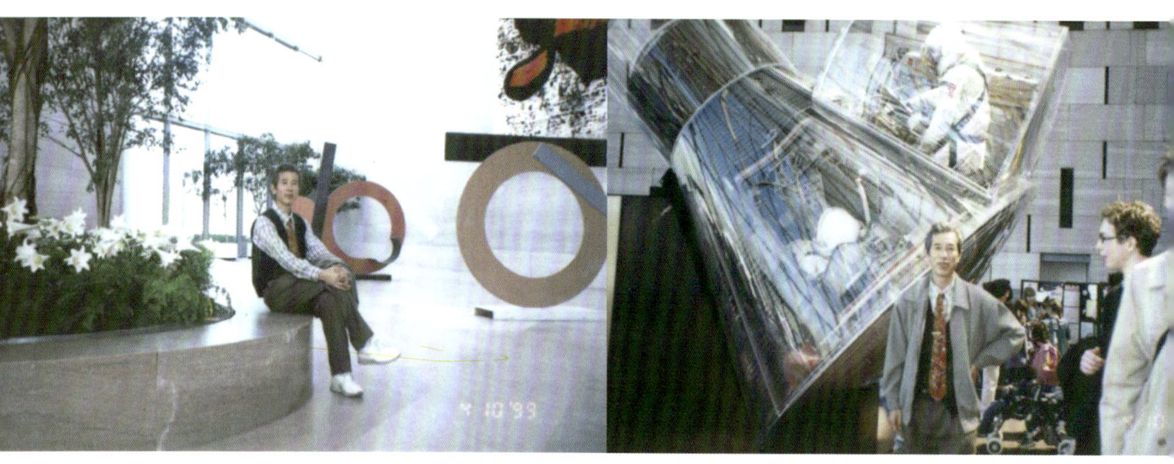

航空航天器都是实物 ↑

到China Town已是下午两点，我看老太太拖着个笨重的身体陪我们走了这么长时间也不容易，便邀请她“dine together”。她建议吃“American pie”，但我对美国派不熟悉，怕不服水土，便建议吃“Chinese noodles”，她只好顺从。谁知每人一碗面条，那个华人女人竟要了24美元。这顿饭吃得我俩失去了对中国城的兴趣，无心去领略那些唐式建筑，只觉得街道不是很宽而且冷冷清清。回船说到这一节时，船长才告诫我：船员到国外一般不指靠自己的同胞，国外的中国人都以为船员是大款，真可恨。再说华盛顿的物价就是高，要 24 美元不贵。

不知不觉就到了回程的时候了，我最后打量了一次华盛顿：干净的大街，整洁的人行道，稀少的行人，有序的交通、低矮的建筑，Doreen 说华盛顿的建筑物一般都不高于华盛顿纪念碑，规划十分得体。我们在落霞中离开了华盛顿，尽管仅是短暂的一游，却也终生难忘了。听船员说他们很少有人去过华盛顿，言语中不乏“envy”之意。“envy”是双关语，既有羡慕也有妒忌之意。

4 月 11 日：

今天是等待离港的一天。

原定今天 1200 至 1400 点起航离码头，但由于二号和五号舱打不进压载水而延迟了。一直到夜里三点，大副才叫我去帮他测水深、看吃水。测水深（take soundings）、看吃水（read the draft）是两个常见的航海术语，过去讲课时经常弄不清测水深的“水深（soundings）”与海图中的“水深（depth）”有何区别。现在知道“测水深”的“soundings”是指水箱、水柜、压载舱里的水深，这与船的载货量有密切关系，“take soundings”就是测量那里面的水有多少。“看吃水（read the draft）”原来也不简单，我两次陪美国验货师（cargo surveyor）和大副在寒风中下到船外去，打着手电筒仔细查看吃水线标记，计算船的最大吃水（draft）是否符合过密西西比河的要求，因为在河里航行时要穿行好几座大桥。

等测完水深、看好吃水、算准压载量，已经到 12 日 5 时 30 分。6 时 30 分船才起航。

在等待的这一天却有个意外的收获：曹先生开车带我去他的私人别墅开了眼界。我是给船员联系买深海鱼油认识曹的，他见我今天无事可做，便邀我上门一看。曹先生三十来岁，是巴尔的摩华人协会会长，算是个在美国打拼多年而发迹的华侨。他是如何发迹的我也不便打听，但他是山东黄县人，夫人是上海人。黄县人精于经商，上海人精打细算，这只从他们

的家里就充分体现了。夫妇俩尚没有孩子，住在郊区一栋三层别墅，拥有四辆高级轿车。光是卧室足有十几间，房内装修简约，但摆设十分考究且风格各异，每一间都保持一丝不乱、一尘不染。唯有那间大厨房显得有点乱，连药品也放置在这里，看来日常生活活动都是在这里面进行。还有三个很大的用作“living room”“sitting room”“drawing room”功能的厅室，每室沙发、地毯等应有尽有，都摆放大屏幕电视机。我问他两个人怎么住这么多房间，他说每天轮流住，至于怎么个轮流法就不好问了。他说现在美国的中产阶层大都住这样的郊外别墅，城里的人剩下两种：富豪和穷人。他的别墅确实偏僻得可以，四周十分空旷，全是小树林，安静得有点吓人。与他交谈中我获知，深海鱼油原来是香港人制作的，拿到美国返销卖高价。美国人根本就不吃，那是专门卖给中国人的。他说深海鱼油的全称本来是 ALASKA Deep Sea Salmon Fish Oil，但我们中国人将两个关键的词 ALASKA Salmon 忽略了，这或许是因为这两个词的确不好读音，也或许是香港人正好有意识地将其简略成“Deep Sea Fish Oil”，因为如果大家都知道这两个词的确切意思，所谓深海鱼油只不过是“阿拉斯加大马哈鱼油”，阿拉斯加大马哈鱼油吃了倒无害，但对滋补身体没有多大作用。他还介绍说，好补品的价钱在美国一瓶绝对都在 10 美元以上，低于这个价格美国人不吃，深海鱼油才 3 美元一瓶。他向我推荐美国 VC，13 美元一瓶，说他们夫妇就吃这个。

我对深海鱼油的这一发现弄得全船人十分失望，买了的后悔不迭，未买的再也不买了。唯一值得宽慰的是：吃这种东西无用也无害，因为船员买来孝敬父母的大有人在。

下午，我抓紧起航前时间下地做了一个多小时的散步。我独自一人出了码头大门，沿马路在徘徊。路上空旷得一个人都没有，连辆车也见不到。我正在纳闷美国人都到哪里去了，一辆小车从后面开来在我身边停住。“Would you like a lift?（想搭车吗？）”一成年美国人伸头问我。“No, thanks, I just want to take a walk.（不，谢了，我只想散散步。）”我惶恐地回答，平生第一次接受搭车的善意有点诚惶诚恐。“Good bye, then.”可能美国人都是以车代步惯了，不兴用腿走路了，我出码头大门时门卫也想给我找辆车，美国不乏好心的人。

我独闯到一片小树林，深深为其宁静、温馨的景色所打动，我站在那里久久不愿离去，觉得它颇具熟悉的青岛八大关的风韵，虽不会取景，还是用相机认真拍了个风景照。不管好坏，这是我在美国散步时拾拍的。想说明的是，美国一个偏僻码头附近的郊野小树林竟有青岛八大关的景色。

一个偏僻码头附近的郊野小树林竟有青岛八大关的景色 ↑

4月12日：

由于时差的关系，今天实则4月13日。

六点半船离开了停靠5天之久的"Sparrow Point"。开航后我便想回房睡觉，反正这一天是在来时的海湾航行，而昨夜的折腾也甚觉疲乏，但我无法入睡，因为船员在7个货舱同时开始了洗舱。将七个像六层楼高的、装过黑糊糊焦炭的大货舱，要清洗得戴着白手套去摸一下不能见黑，这工作的难度和艰辛程度可想而知。这种活在外国船都是由专门的清洗工班(cleaning gang)来做，中国船员为了挣那笔洗舱费都是揽下自己干。洗舱费是不少，可挣得真是不容易。先是用高压海水冲，然后下到舱底用长柄刷子刷、洗、擦；再用淡水重复清洗一遍；第三遍用抹布一点一点擦干净。洗舱费必须是一次检查合格才发给，因此来不得半点马虎。看着他们有的身着防水服站在冰冷的水里、有的趴在梯子上、有的干脆就踩着块木板，既替他们担心，又替他们抱不平。这点辛苦钱也只有中国船员肯挣，船员实质上是辛苦的低层劳动者。我想把他们洗舱的情景照下来，老三不让。他说，船员不希望老婆看到自己在船上的那副模样。

4月13日：

开始沿佛罗里达半岛往新奥尔良压载航行(sail in ballast)。

下午两点来电传说，船在密西西比河的"Destrehan, Bunge Grain Elevator"装货。老三在海图上找到这个地点，该点在上溯120海里处，航行约8小时，而新奥尔良是在100海里的位置。他说这一次可到新奥尔良玩了，上一次他来过180海里的地方，离新奥尔良太远了。

我忽然想到有个船长学生在新奥尔良当货运代表，我一说他叫张福光船长就知道，并马上电话与他联系上了。张在电话上热情欢迎我到美国来。

4月14日：

船进入墨西哥湾，船员仍继续洗舱，今天中午直到十二点还有的没上来吃午饭。

再次过了30度线，天又热起来。老三叫我把冬天的衣服用船上的洗衣机洗洗收起来，说以后就准备过夏天了。

4月15日：

船员还忙着洗舱，我无所事事，便回忆那天测深的情况，将其编写成英语对话。

听说22日才能抵达那个“Bunge Grain Elevator”。我不太清楚“Grain Elevator”是个什么东西，只猜测“Bunge”是个装粮食的码头名字。这次要在那里装55600吨大豆，船长估计得七八天的时间，说最早要到28日才能装完起航。

但晚上又说18日就可靠泊，靠泊后一面往外排压载水，一面装货，这样按一天(12小时)1万吨计，要装6天，到24日就能装完起航。我在盘算这6天的装货期我如何下地。

4月16日：

昨夜四点经过迈阿米，但只见到一片灯火。

下午帮大副准备有关验舱的英语。验舱能不能一次通过关键就看大副的了，听说这次若一次通过了，每人可得100美元的洗舱费。为这100美元，船员付出了多少汗水和劳累，这可真是“hard-earned(来之不易)”100美元。我用最简单的英语打成材料交给他去准备。

4月17日：

装货的关键也是大副，这次装55600吨大豆，配载很难，因为吃水误差只给了1厘米，即64吨。密西西比河的水的密度与巴拿马的不同，一旦吃水大了过不了巴拿马运河，就要绕航南美洲的合恩角，这几天光为此大副就熬得焦头烂额，而洗舱他也得参加。

4月18日：

洗舱结束后，6个货舱的舱盖都打开在晾晒，唯四号舱往里打进1万吨压载水，船的吃水线下降2米(每600吨降1厘米)，这叫加压载水。这是过桥所需的最大净空高度(max. air draft clearance)1米距离的要求。加

进的压载水等其他舱开始装货时，再按精确计算逐渐往外排，这就叫“deballast（排压载水）”。

下午四点，我在驾驶台上发现左舷20°出现一个架子，我以为是个石油钻井平台，但船长说是艘船。果然，先见露出上层建筑，不一会儿就看到整个船体，等其与本船成正横时，清清楚楚是艘集装箱船。在大海上验证了：地球是圆的。

今天还见到另一自然景观：“东边日出，西边雨”。早晨6点，只见船的右舷黑云密布、雷电交加、大雨滂沱，而左舷却阳光和煦、风和日丽。这种景观船员见多了，据他们说，有时还会船头受雨而船尾阳光灿烂，或者船的左半边是干的而右半边被淋湿。大海真是一个多姿多彩的大千世界。

晚上吃饺子，机工小曹吃了80个。这个小曹是招远人，就是他捉到一只周身绿色、脖子红色的小鸟送给我。我见小鸟十分漂亮，就放在房间里养着准备带回家，但老三却来把它放走了。我骂他可恶，他说船员一般都不杀生。

4月19日：

六点醒来，发现海面上到处是石油钻井平台，一看海图，船已经过了墨西哥湾，驶近了密西西河西南入河口。这里是美国重要的石油基地，船穿行在灯火辉煌的钻井平台间，场面颇为壮观。

七点上来一个美国大个子引水员，开始密西西比河航行。

密西西比使人想起《老人河（Old Man River）》这首古老的美国歌曲，但我不禁想起“美国文学之父”马克•吐温。我在烟

密西西比河西南入河口

台师院教学时，曾讲过多篇马克•吐温的文章，其中最喜欢其代表作《汤姆•索亚历险记》，还曾撰写过一篇论文《岂止一笑而已》，称道他在轻松幽默的笔锋里夹带着悲苦和辛酸。有人说小说中汤姆•索亚就是他童年悲惨生活的写照。马克•吐温这个笔名就取自他成为作家之前在密西西比河上当引水员时的一个测水深行话：Mark Twain（水深两噚），即航海术语——Two fathoms deep（水深两拓）。但若不是那座灯塔及见河水的颜色与海水浑然不同，我真分不清现在已经进入密西西比河了，因为河口很宽很宽，而且不见有河堤。

我问美国引水员为什么河没有堤，他指着一条十分狭窄只露出水面的胡乱堆积的石块说："They are levees."我这才猛然想起，原来密西西比河的河堤不用"bank"这个词而用"levee（冲积堤）"。我赶紧把它拍下来，这既是记忆又是知识。

有的地方这些"levees"几乎都与岸持平，美国引水员说汛期来时任凭河水将两岸"flooded（淹没）"。我当时不明白为什么汛期来时要任凭河水将两岸淹没。后来查资料才知道，这条也称"父亲河(Father of Waters)"的密西西比与我们称之为"母亲河"的黄河差不多，每年暴雨或积雪融化时都时常洪水泛滥成灾。

levee of the Mississippi

再往前走才见水泥堤坝。

密西西比河的航行先后换了三个引水员，他们各有所长。

第一个大谈高尔夫球，说他每月花320美元加入三个俱乐部，儿子、女儿都可去尽情地打，气得船长在一旁直用汉语骂，说他在中国人面前夸富。其实他并不富，因为他说好的俱乐部需几万美元才能入会。

第二个很和气，我问他问题，他总详细解答，使我对密西西比河有了进一步的了解，我不明白为什么第一个引水员交班时说他“crazy”。

第三个急脾气，说话很快，从一上船就不停地打手机。听他断断续续的通话内容，是他们内部爆发了矛盾。看他那副不高兴样，我没和他搭话。别看他在打手机，眼睛可紧盯着船头。密西西比河急弯很多，到了急转弯就听他及时发出“左5度，右10度，左20度，右满舵”的口令。这使我想起，当年马克•吐温在密西西比河上当引水员可能也是这样，没想到这次到美国来竟在密西西比河上重温了美国文学。

1999年的新奥尔良漂亮极了

晚上6时左右，新奥尔良城依稀可见了，但由于河道弯弯曲曲，直到7时30分才驶近市区。从河上看新奥尔良，简直漂亮极了，我赶紧让木匠给我抓拍了张留念照，再准备拍照时，光线已逐渐暗淡，但在万家灯火中，新奥尔良显得愈加美丽。

9时30分，船抵达装货地点——Destrehan，Bunge Grain Elevator。原来“Destrehan”是区域名，“Bunge”是码头名，“Grain Elevator”是装粮食用的一种传送带。新奥尔良港“Destrehan”这个区域主要出口粮食，沿河两岸到处可见“Grain Elevator”。新奥尔良最初的城体是1718年法国殖民者依密西西比河一个圆形转弯而建，因此别称月状城(Crescent City)，且法国味甚浓。

沿河到处可见这样的 Grain Elevator

“Orleans”就是法语词，“Destrehan”“ Bunge”这些名字也是法语，难怪政委到了后才想起上次曾来过这里，但说不上是什么名字。

不知为什么，11点船才靠上泊位。

4月20日：

中午12点安排的车辆要拉我们到一个购物区，我提出能不能先去“tour the city（逛逛市区）”，司机说“No”，他只能去一个地点，要去市中心就不能回来购物，否则往返要加40美元。真是古板、计较之极！

正在这时，张福光船长开车来了。他是COSCO在美国的货运代表，管所有到美国东海岸的船只，当然知道我们的船已抵达。听说我已来购物，特意前来看我。他顺便拉上政委首先驱车去了他的办公大楼，在他的七楼办公室就可俯瞰全市；喝了点饮料之后，又带我们去市中心饱了眼福。我看新奥尔良城比巴尔的摩明快、更洋气，有股浪漫气息。当到了河畔的“River Walk”景点时，他让我们下车拍照，

说该景是作为新奥尔良的明信片向外出售。我一看这正是我在河上航行时抢拍的背景。他还拉我们去一条精品街，我问他在美国买摄像机划算不，他说合算，因为凭船员登陆证可免税，但不要在精品街买。精品街的东西都是卖给新奥尔良最有钱的人，那家低价超市是面向穷人的。

转完一圈便回到超市，那 11 个人都已经在车上等候回船。这时张船长才告诉我，他本来明天专程接我去市里，但不巧明天有一欧洲代表团需接待，而且他刚把夫人办到美国探亲还未安好家，故今天下午提前来会我。他还说购物的车是他特意安排的，不行的话明天再安排一次。我只在船长英语班教过他半年，半年的师生之谊，能专程有此安排，令人感动。

4 月 21 日：

原本说 6 天才能装完货，结果那台先进的“Grain Elevator（粮食卷扬机）”24 小时不间断注装，两天半就要把 6 个大舱装满了，恐怕今天是最后的下地机会了。

趁着上午未来车，我便一个人下了地，沿着河岸独自徘徊。忽见不远处有几座“mobile homes（房车屋）”，有一老者在周边除草，便上前搭讪。他说来此处才数月，是给儿子照看房车的。他指着手里的除草机解释说：“I just want to do my bit for them.”显然，指他除草劳动“只是为他们尽点义务而已”，并非是干这营生的。我想请他给我拍个照，他不说不会，但手拿相机却不会摆弄。

恰在这时，从“mobile homes”中缓缓驶出一辆汽车，老者伏在车窗说了几句，一中年美国人在车内向我打招呼，并问我是中国什么地方。我刚用英语回答完，就听到从车中传出一句纯正的普通话：“你是青岛人吗？”我一看，里面坐一中国女子，一问，说她是北京人。一北京华人女子嫁给个住“mobile home”的美国人，我当时感到非常稀奇。这时，男方下车给我拍了张照，并建议北京女子与我这个同胞也合个影。北京女子非常年轻美貌，听谈吐也非泛泛之辈。她也说我肯定并非船员，而当我告诉她我是英语教师上船实习时，她惊奇地问：“现在国内可以这样做了吗？”看来她是有年岁没回过国了！也不知道是我相机的毛病，还是他们的拍照技术，回来后那几张底板都是空白！

之后再往前走，见一家小小的"TV microwave store（电视元件店）"，但进去一看好像是委托行，摆着为数不多的旧商品。其中一只铜制菠萝状容器引起我的好奇，仔细一看，标有"made in India（印度造）"，标价 8 美元。我回价 5 美元他不干，说是给别人代卖的。我看样式独特且制作精致，便做纪念品买了。

中午 12 时 45 分安排的车又来了。本来想到另一个地购物，但机工吴胖非要到昨天的店去退税，大伙只好随他。结果他让我去向一个大块头的黑人女服务员要求退税，大块头黑女人十分不耐烦地指着吴说："I told him repeatedly yesterday that we do not do that here." 我问她那到底在哪里退税。"And I told him yesterday to go to the police station, several blocks from here." 原来人家"昨天就反复告诉了他不在这里办退税"，吴听不懂，肯定缠得人家够呛，今天又辍弄我上，大块头黑女人才急了。是不是到"police station"办，我不十分肯定，但要去好几个街区的地方，车费也不止 20 美元。他买了架照相机，若退税顶多可退 20 多美元税。就这样，为他这 20 多美元，我赚了个没趣，大伙赚了个扫兴，什么东西也没买成，回船的路上个个闷闷不乐。这趟车成了专门为他安排的了！

4 月 22 日：

昨天黑板写的是今天 0900 开航，但早晨起来见四号舱还未装。

吃了早饭，老二和电报主任约我下地溜达。我们漫步经过一居住区，见都是一幢幢独栋平房，家家栽花植草，户户干净整洁。稍大稍高一点的房子则有粗铁丝网围起的院子，内养大狗，提醒外人不得靠近。这时有三个女学生走过，嬉笑着朝我们喊"Chinese"，没想到看起来憨厚的二副竟对人家喊了句"Fuck you"。也就是美国女孩不在乎。

11 点，量吃水的印度老头上船带了三套美国硬币和三张 2 美元的纸币。这是我托他兑换的，其中 2 美元的纸币已绝版很难搞到。我为了将全部美币集全，早 3 天就托了他，他还真当事办。可能是这几天我和他交谈时提到我在坦桑尼亚曾交过很多印度朋友，他还特意捎来一盒印度食品。

印度裔老头和上次的老验货师一样，都属辛苦的雇员，但其敬业精神令人佩服，与他道别时我送他一把精致的酒起子，他喜欢得爱不释手。

送走印度老头刚回房间，大副又打电话要我去。是熏舱的那个美国人非要我到场听仔细，并负责向全船人员说明。他讲了很多，最后问我："Did you follow me？"我说听明白了，但他却说："You Chinese always say yes, but actually do not understand."我没争辩，起身回到我房间将他说的用打字机打下来。当我将两张纸的记录拿给他看时，他吃惊地说："How could you make it a conversation?（你竟编成了对话？）"，并在一处做了个改正。临走前他向大副要了 2 瓶青岛啤酒，用报纸包好后冲我一笑说：" Chief officer, no English.（大副，英语的没有。）"

下午 2 点才解缆起航，晚上 12 点出了密西西比河口进入墨西哥湾，船离开美国驶往巴拿马运河。

4 月 23 日：

看到船员在甲板上清扫大豆，扫起的地脚大豆装了足有十几袋子。这几天船上天天吃豆子，我问何不生豆芽吃，他们说美国卖出的大豆做了处理，所以生豆芽不行。驾助小尚答应给我一桶化肥喂花，肯定也是这种地脚料。难怪大副说船上运什么船员就有什么。他给我讲过带揽工在船上偷撬集装箱的例子。"Pilferage（小偷小摸）"让世界航运业每年损失严重，恐怕防"Pilferage"不仅光要防带揽工和装卸工吧！

现在，船航行一个小时，就离家近一个小时，但越是想早到巴拿马越是跑不快。船遇上顶风顶流，4 个小时仅跑了 40 海里，而巴拿马航运代表却来电要船务必 26 日 0200 时赶到，否则他预订的过运河费要损失 8350 美元。船长气得不得了，骂他白当过船长，也不看看天气，照目前的最大船速 12.3 海里计，26 日 1400 时赶到就不错了，若天不好转，恐怕要 27 日才能抵达。

4 月 24 日：

昨天晚上去看大副，听说他累得犯了心脏病，但去一看他没有病，原来是和水头、木匠闹矛盾放躺不干了。看来政委说对了：回航中最容易发生矛盾。谁知这个矛盾竟牵扯到我！

大副见我去，便要我证明美国人没给熏舱费。我一听十分愕然，便说："老大，我不知船上有关什么熏舱费的规定，我能证明什么呢？"我撤身走出大副室去找老三，老三说："王老师，你的麻烦来了，水手们都向老大索要熏舱费，老大让你出面证明没有，你能说得清？"我说："即使有，老大会与我分享吗？"我又去找政委，谁知他竟说："王老，你不要介入他们的人际关系。"什么意思？！我仔细想了想，好像这件事情并不简单。

原以为"君子可以欺其才，君子可以欺其方"，看来我错了。上船后我至少有三大功劳：第一，据亲身实践体会自编了英文讲义，而且有些英语对话（例如"游华盛顿""逛低价超市""搭的"等），甚至是我自掏腰包买经历得来的，可以说这是开了中远之历史先河；第二，不惜冒生命危险陪美国验舱人员下到货舱底，为验舱一次通过而最终每人分得 137 美元立下汗马功劳；第三，为天远解决了熏舱这一生命攸关的重大问题。这是在我讲解完那篇熏舱材料之后政委亲口承认的："天远自拥有散装船以来，过去一直对装粮食熏舱是怎么一回事不明白，您老是第一次给讲明白了。你不光给我们讲英语，也给我们讲了专业。"（而就在此不久，便传来通报说：一中远运粮船在荷兰因违规进货舱而中毒死亡 4 人）然而，所有这一切抵不过一个利益、所有功劳不值 65 元人民币。港口国检查因那几个不合格项目，天远仅发给 2000 元，政委可能因为我帮了大忙，也给了我 65 元。自那以后水手们就没给过我好脸子，我在船上捡了条跳上甲板的飞鱼，找谁帮忙制作条标本都无人搭理。谁知帮忙熏舱又帮出个熏舱费来！船员都认定美国人按惯例付了熏舱费，而大副拿我当挡箭牌一口咬定说没给；船长向公司申请，又一分钱没要下来。船员们恨死了，而这恨肯定有我一份。"君子可以欺其方"，也非也，"方"者理也。此时此地找谁说理、此时此地何"方"能说清！？

事情并不简单的另一层是，船上这个独立王国，别看仅有 29 人，但都是临时搭配的，而且一个航次跑完就轮换一批，大家彼此就是暂时的工作关系。而船上这个航次，船长、三副、木匠及多数船员是天津本地人，大副、二副、电报主任则是江浙外地人。据说木匠是临开船前才换的，从一开始因未按时上船报到，就与大副有隙。这次装大豆，公司让多装600吨，因为只有多装600吨才能不亏损，但由于吃水未测准，600吨大豆未装上。测吃水是木匠的责任，大副可能责怪到他身上。其实，那天测吃水我也在场，美国验货师确实曾指出：哪怕压载水只剩2～3厘米，可各个压载舱加起来量就大了。当时不知是我疏于翻译，还是木匠没认真去量，反正是那2～3厘米的压载水没排干净。结果，虽然木匠看到计算机上显示压载水是零，可实际却有300吨没排出。若果真是我漏译了美国验货师的那句话，就反证了"语言就是金钱"。少装600吨大豆少挣了10000多美元。其实木匠这人很敬业，那天他真尽了力，累得疲惫不堪。怪就怪他是第一次干木匠，缺经验，又未好好与大副合作，计算机不灵也使他甚觉冤枉。

4月25日：

今天上午政委找我商谈回航的英语学习，还有1个多月，他想完善这个航次的学习，以便汇报时符合公司的要求。我答应再编写几段生活和岗位英语会话，这样整个航次就形成一本"船舶实用英语口语"。他高兴地说："王老，您再与我们跑趟欧洲就好了，欧洲航线的港口检查也很严格。跑欧洲的最佳时间是4月至7月。"我想，但又不想。

在驾驶台见船员在下面用海水冲洗舱盖和甲板，并不时用皮龙互相往身上冲水降温。现在温度表显示的是34°，恐怕阳光下得40℃。老二在驾驶台都热得受不了，直骂机舱不把两部空调机都打开。多亏这时下起了大雨，雨下得能见度伸手不见五指，一会儿两翼门口积满了水。我赶快回房去排水，顺便将那块落满焦炭灰尘的橡皮垫冲刷干净，几天来踩它一脚就是一个黑脚印，成天要不停地拖地。

明天就抵达巴拿马了，可吃水还未计算准，今晚几个人还在忙活。

4月26日：

船11时30分抵达大西洋锚地(Atlantic Anchorage)，凡船长190米以上的过河船只都在D锚地抛锚待命。

船员又去钓鱼，但天不作美，又下起雨，直到晚上8点才停。

下午大副登门造访，做了长时间的深谈。他说他是行伍出身，转业后仅当了3个月的水手便被突击提为三副；5年后，为了要转行当管事，去换了二副证书，到船员学院学过英语。他还认识船员学院的张院长，好像关系挺不错。他闭口未谈熏舱费的事，我也不好意思追问。但有两件事我从他的嘴里方明白：其一，在麻雀角停靠时的代理人是临时雇的，只付了人家2000美元酬金，所以他不安排下地，让我们自己去搭车；其二，那次救生艇未放落下去，是因为在南通船厂修了好几天未修好就带病出航，找两个美国人上船只用大铁锤敲了7下便解决了问题。“而人家那7锤要多少钱？”他说：“要了30万美元！”是的，这件事我在场，我亲耳听那个美国修理工说过：“This is technology.（这就是技术。）”。最后他还给我讲了个曾为几内亚国运送500吨钱币，军人如何上传押送的故事，也很精彩。

今晚见锚地内亮灯火的就十几处，说明仅有十几艘船只，明天都可过运河。看来国际贸易不景气，过往船只明显减少，巴拿马运河也挣不着钱了。

4月27日：

第二次过巴拿马，这次是从大西洋往太平洋过，我抓紧最后的机会饱览了这条神奇的运河。从早上七点上了引水员，一直到晚上7点，中间我只休息了1小时，不愿意放过每一个过河环节，一直在领略沿河每一处风光。值得看的东西实在太多了，不仅是它那独特的热带异国风光，更在于她那鬼斧神工的构筑。我相信拍摄的每一幅照片都是绝好的风景画，抓拍的每一张工作镜头都是宝贵的资料。

今天还有个奇遇：看到来时在船上实习的巴拿马引水员站在岸上向我

我的形象留在了巴拿马

要照片。我和老三马元庆曾与他在船上拍了个合影，冲印时多洗了两张，于是用袋子装好一抛，他在岸上伸手就接走了，里面还附有那张带揽工女工头的。想不到我的形象竟留在了巴拿马。

一件失望的事是未换到硬币。来的时候我用方便面换了套巴拿马硬币，其中有枚很大的特制纪念币，本想回程再换这么一枚，但这个巴拿马小子非要我用20美元买不行，说方便面只能换“大黄书”（花花公子杂志）。美国引水员咒运河“will go to the hell”，我咒大黄书“go to the hell!（见鬼去！）”

巴拿马在晚霞中离开了视野，这趟美国之航行的压轴戏落下了帷幕。

自今夜就返航太平洋，又要一个月的时间日夜兼程在渺茫的大洋中孤舟泅渡。扶栏凭眺，墨蓝色海洋，蔚蓝色的苍穹，在地平线相互交融，不由对苍穹的玄妙、大海的深奥感触万千。巨轮在粼粼的波纹上只留下一道航迹，瞬间浪花顿逝，波平粼闪，而巨轮下海底大千世界却万物生灵永远生养不息。

4月28日至5月29日：

船沿10度线左右一路向西航行。因这次航线走的是低纬度，太平洋上无风无浪，海面平静如镜。除了5月12日由于大副值班喝酒，船差一点偏航到夏威夷（那天真的多亏我睡不着觉去驾驶台发现大副打着自动舵睡着了而叫醒了他），船长再没客气予以批评，而大副一气之下将一箱啤酒扔进大海，基本一路再没有什么特别的事情发生。有的就是难耐的寂寞和孤独，因为自再次进入太平洋就没见艘船只，没见块陆地，连海鸥都不见了踪影，所以就烦。看见那些油乎乎的饭菜烦、看见那部反复播放卡拉OK的电视机烦、看见那把老是需费劲才能放回固定铁架的暖瓶烦甚至连喝酒也烦了，因为“酒者就也”：就人而饮而无知己、就事而饮而无喜事；所以就失眠：现在船不摇晃反倒睡不着觉了，船若以8秒的频率左右摇晃才能入睡（可能是小时候未睡过摇篮的缘故）；所以就期盼早一日安全返航，期盼地做了南柯一梦：在海上遇一叶小舟，遂借舟先登返回家中，见儿子与一小孩端坐其中，似在拣拾地瓜，但再欲回船时，小舟恍然不见，一急醒来，大汗淋漓，原来是空调机出了毛病，热出一身汗来。

终于在5月29日抵达了天津塘沽港。十分抱歉，我连天远的领导都未顾得上去拜见，便匆匆径直乘火车去了北京，到医院见了染重病住院的女婿一面，送上那瓶美国VC，又马不停蹄地奔回青岛。在回青的火车上，我什么也没吃，只买了一包黄瓜和一包西红柿大口饱嚼起来，引周围不少人侧目。

10天之后，船在天津卸完大豆，就来到青岛修船，我到北海船厂从船上取回存在大副室的东西，包括那套百科全书。

我的美国之航往返正好3个月。3个月回首一瞬间，却历经数个春夏秋冬，真是船上熬一年人间一轮回。3个月回首一瞬间，我用完2支圆珠笔和一瓶墨水、抽完7条香烟、喝了90暖瓶水和一桶茶叶、用完2管牙膏、2把牙刷、2块肥皂、2块香皂，辛苦可想而知！当然，带回的不光是一路辛苦，还有颇丰的斩获和脑子中的各种答案。这样，这趟辛苦也就“累有所值”了！

叁 英国之游

2008年是我们结婚40周年，孩子们让我们去欧洲旅游一趟，以志纪念。我不愿参加欧洲多国游，而是选了英国八日深度游。

之所以选英国，是因为我是学英语的，又教了一辈子的英语，对英国很多地名、景点耳熟能详，如“Big Ben”“London Bridge”“Westminster”等。但那无非是从英语老师那里耳闻的一些描述，或者是从英文词典里获取的一些干巴词儿，能亲眼目睹一下我这一生为之倾心的这个英语发源地是我的夙愿。

英国8天

5月28日我们踏上了英国国土。那脑海中几十年的存储顷刻打印成一幅幅画面。

“Big Ben”这座以负责钟塔工程人本杰明（Benjamin）的爱称Ben所尊称的“大笨钟”（亦称“Big Stupid Clock”），重达14吨，巍然屹立在高高的时钟塔楼之上，每隔15分钟便发出响彻四方的悠扬钟声。

威斯敏斯特（Westminster），即“Westminster Palace”，威斯敏斯特宫，一座哥特式宫殿，傲立泰晤士河畔，占地3万平方米，全长300

米，共有1100个房间，走廊长度共计3公里，有100多处楼梯、11个内院。

英国议会两院的议员们就在这座宫殿里聚集，通常说是英国的议会大厦(Houses of Parliament)。

无怪有人说威斯敏斯特几乎是政治家们的疗养院。

这座宫殿曾经在一场大火中几乎被毁殆尽，后来又因怕爱尔兰共和军恐怖爆炸，便禁止进入游览参观。“9•11”以来，安全检查就更严了，特别在旅游旺季要想等个空席位十分不易，也就只能老远拍个照留念了。

“London Bridge”是座塔式桥，全称应是“London Tower Bridge”。最初是公元 50 年左右由统治英国的罗马人用木头搭建的。1014 年丹麦人入侵英格兰被毁（据说“伦敦桥要倒了”这首著名的童谣由此产生），重建后却于 1091 年毁于风暴，再次重建后又毁于大火。自 1176 年开始用石头建桥，33 年后才最终建成。它也是一座吊桥，塔桥中间有能打开成“八”字形的桥板，可惜未能目睹其开启时的风采。

在泰晤士河（Thames River）畔拍照，我发现，岸上地面灰垢沉积，河水也浑浊不清。这让我不由得想起：20 世纪五六十年代，伦敦曾是世界著名的雾都。伦敦的雾都不足以用“misty”或“foggy”来形容，而是用“smoggy”这个词，即“smoke”加“fog”就是烟雾那种。好像伦敦那时的城市污染程度比现在的北京有过之而无不及。所幸经几十年治理的伦敦，现在只不过有点儿灰蒙蒙而已。

这又不由想起，英国诗人威廉·华兹华斯(William Wordsworth)曾站在此处即兴赋诗：

EARTH has not anything to show more fair：
Dull would he be of soul who could pass by
A sight so touching in its majesty.

大地还有比这更好的美色：
心灵愚钝才会经此错过，
如此壮丽动人的景色。

华兹华斯(1770—1850)，在他那个年代作如此描写，或许我当时心灵真的“Dull”了。

正当我还在品味是华兹华斯诗意夸张还是我心灵愚钝时，听导游喊“去白金汉宫了”。

刚刚抵达，就见几辆清一色的英式老爷车徐徐开来。

接着游人纷纷涌入，然后就找地静静守候。我一般没多大耐心等候，更不大喜欢凑热闹，只对那幢小楼感兴趣。问了导游才知，那就是白金汉

宫。它只是一幢正方形四层小楼，却从维多利亚女王时代至今一直都是英国王室的府邸，也就是王宫。与此相比，泱泱中华的紫禁城的气势多恢弘！

倒是四周的御花园，花团锦簇、绿草茵茵，别有情趣。而御花园边缘保留的这栋看似非法建筑的古老石头屋，里面肯定隐藏着一段不可轻易告人的历史秘密。

虽说伦敦已不再是雾都，但五月的伦敦也是阴雨连绵。难怪英国人见面问候不是问“Have you eaten（吃饭了吗）”，而是问“It’s fine weather, isn’t it（天真好吧）”。

出来旅游碰上连绵雨，不能不令人扫兴。自到伦敦，淅淅沥沥的雨就没停过，昏蒙蒙的天就没晴过，地面一直湿漉漉的，往哪走都得随身带着把雨伞。

幸好在这家华侨饭馆吃上一顿可口的中餐。不但饭好，这家饭馆的名气也不小。这曾是那个鼎鼎有名“不爱江山爱美人”的英国国王秘密幽会情人温莎公爵夫人的场所，如今被一台湾人做了餐馆。而该舍的招待女孩是位来自中国大陆在剑桥就读的漂亮女留学生。

上大学时，教英国文学选读的老师曾是国民党时期驻英国大使馆的三秘。他课堂上把英国女士讲得活灵活现，好像个个裙子拖地、丰臀撅起、美腿修长。更令人叫绝的是，他讲着讲着竟然情不自禁像搂着一位英国女士一样在教室里翩翩起舞起来，那舞姿堪称一流。

来到英国，坐在车上，不免就多瞅了几眼大街上的英国女士。但瞥见到的并非如老师文学课堂上绘声绘色描绘的英国窈窕淑女，早都变身时尚摩登女郎。

都说英国男士皆绅士，这倒不虚。优雅的街区，男士是悠闲的绅士。

室外抽烟，也是风度翩翩、派头十足的绅士。

连雨中的大巴司机，仍是谈笑风生、潇洒自如的绅士。

倒是童真可爱的孩子给人以极大的亲近感。

从这个小镇开始，我们步入了苏格兰。

苏格兰这个叫葛特纳格林（Gretna Green）的小镇，是众所周知的结婚小镇。因为英格兰规定不到 21 岁不准结婚，而苏格兰却被允许，于是那些得不到准许的痴情男女就来到这里结婚。听说每年来办婚礼的超过 5000 场，成了私奔者的天堂。

之前对苏格兰的了解并不多于英格兰。记得许国璋英语第二册有一篇课文，讲古代苏格兰国王罗伯特•布鲁斯（Robert Bruce）（1274—1329）多次领导苏格兰人反抗英格兰人统治，最后从蜘蛛织网获得启示，经过第七次战斗，逐走英格兰人，摆脱了异族统治，这个国王被推崇为苏格兰历史上的民族英雄。这个故事说明，苏格兰人自古就独立于英格兰人，他们凯尔特人才是不列颠岛上原居民。

所以很多人习惯说英国是“England”，英国人是“English”，是不对的，因为这很容易冒犯苏格兰人（Scots）。苏格兰这个以格子花纹、风笛音乐、畜牧业与威士忌而闻名的民族，虽然在外交、军事、金融等事务上受英国管辖，但自古到今就有很强的民族独立性和自治倾向。

我们知道，英国的官方或正式名字叫“大不列颠及北爱尔兰联合王国（The United Kingdoms of Great Britain and Northern Ireland）”，缩写为UK。

从这份地图上，可以看出：

大不列颠岛（Great Britain）是个地理名字，指比爱尔兰岛大的这个岛子。英格兰、威尔士、苏格兰都在该岛上，苏格兰在其北部，爱丁堡就是它的首府。

联合王国（The United Kingdoms）总共四个：大不列颠岛上的英格兰王国（The United Kingdom of England）、苏格兰王国（The United Kingdom of Scotland）和威尔士（The United Kingdom of Wales）及爱尔兰岛上的北爱尔兰王国（The United Kingdom of Northern Ireland）。

因此，要想不得罪苏格兰人、威尔士人和爱尔兰人，用安全、正确、通用的词应该分别是“Britain”“British”来指英国和英国人的。

可能这是班门弄斧，但去英国旅游时弄清这些不同的名字不无裨益。

正因为对苏格兰的孤陋寡闻，从步入苏格兰的第一天就感到意外的惊喜，因为苏格兰太美了！从车内望去，到处春意盎然，生气勃勃；满目蓝天白云、绿草茵茵；草地上牛羊成群，一派田园风光。

爱丁堡旧城区（Old Town of Edinburgh）资料图 ↑

爱丁堡新城区（New Town of Edinburgh） ↓

到了爱丁堡（The Towns of Edinburgh），发现这座上千年的历史古城，建筑古代经典、风格幽雅杰出、风景高贵迷人、环境清净优美，充满苏格兰独特的魅力。虽然爱丁堡不像伦敦那么大，但它是苏格兰历史文化的重要发源地，具有支撑全苏格兰的力量，被称为王国首屈一指的地方。爱丁堡在苏格兰1707年并入英国后，就成了其首府。

到了爱丁堡就必得去游览爱丁堡城堡（Edinburgh Castle），它可是苏格兰的精神象征。

这座位于海拔 135 米高的死火山花岗岩顶上的城堡，见证了苏格兰的多次战争，也曾经是苏格兰的皇宫、军事要塞和国家监狱。

爱丁堡城堡早在六世纪就成为苏格兰皇室堡垒，它比英格兰的利兹城堡早 200 多年，比温莎城堡早 400 多年，比德国的海德城堡更是早 600 多年。

古炮、城墙体现了苏格兰人的强悍和不屈精神的历史风貌，城堡就是苏格兰和英格兰的漫长争斗的战争纪念馆和博物馆。

如今的城堡早已“刀枪入库”，成为当地人的休闲场所和游人的旅游胜地。在此，人们只通过触摸来感受苏格兰人的文明创造与建设历史。

参加这次旅游的大都是来自京城的专家教授级人物，不成想还有三个来自内蒙古神华集团的团友。他们不懂英语，说是让我购物时予以关照。其实，也不用我帮助，导游安排的购物点多数都有讲汉语的。在城堡拍下的这张唯一集体照成了对这次旅游团友的永久纪念。

从爱丁堡，我们折返英格兰，来到温德米尔湖（Windermere），简称湖区（Lake District）。

先是来到一个小镇。这真是一个如诗如画般的小镇！说温德米尔湖区似这样的小镇有好几个，我现在分辨不清这到底是哪一个了。

小镇的每栋房子都小巧玲珑，经过精心装扮，充满着浓浓的文化气息。

诗人华兹华斯也曾在此留下美妙的诗句：

"还有什么别的地方能在如此狭窄的范围内，展示出如此优美的景色。"

华兹华斯真不愧是伟大的"湖畔诗人"。

但最好的还不在这里。当你来到湖区，你的眼光就会有灵光一现的感觉。何谓"湖光山色"？湖区的景色满可作答了。处处皆景点，每处都很美——原生态的那种美，让人感叹大自然真是神奇的雕塑家！

本人拙于摄影，出来旅游照相也就是拍些纪念片而已。偏偏那天照相机还和我作对，登上游艇才发现，相机电池几乎没电了。面对这醉人的景色，我拼命地抓拍，没想到还真拍到了五六张相片。就我的照相技术，这几

张还对得起那景色的美丽。或许是那景色太美丽，你随便怎么拍都美。

坐上“ferry”，美景一览无遗：

可以这样说：湖区不仅是我见过的最美丽的，也是平生唯一一个让我迷失在美景而流连忘返的旅游景点。从这一时刻起，我对英国的美好印记，也就不尽是那些古老的大笨钟、伦敦塔桥和威斯敏斯特宫殿，更有这个难以忘怀的湖区。

游完了湖区便到了曼彻斯特（Manchester）。好像在曼彻斯特只是前往曼联足球俱乐部所在地，看到红魔迷们在近乎疯狂地搞什么庆祝活动。因为有贝克汉姆这样的大牌球星，曼联足球队成了曼城世界所知的标志。

我这人一辈子就没动过足球，所以对足球本来就不感兴趣。再加上中国不光球技不如人家，还有诸多的龌龊事迭出足球圈。自那之后，凡是涉及足球的东西我都唯恐避之不及。大家都在曼联队这张大照片前拍照留念，老伴让我也拍，我说：你一个人照吧！

来英国之前听说要经过曼彻斯特，我就想起我1965年在济南英专进修时的英语教师玛雅夫妇和20世纪80年代在坦桑尼亚医疗队当翻译时结识的艾克夫妇。这两对夫妇凑巧都是曼彻斯特人。玛雅夫妇可是我国聘请来华的第一批外教。男玛雅（当时因严格限制与外教接触都不便问其详细名字）是大学生，不会教学；女玛雅尽管只是高中毕业但会讲课，很受学生的欢迎。之后与玛雅夫妇仅在1966年去北京“串联”时在长安街上打了个照面便再杳无音信。艾克夫妇就是我在坦桑尼亚做翻译时去欧洲大院认识的那对英国夫妇。我请过艾克夫人为大夫教英语，一年多的交往彼此有了深情厚谊，她们回国前赠送的我那本1976年版本的精装

↑ The Little Match Girl

Donkey Skin ↑

英语童话集，里面“睡美人”（The Sleeping Beauty）、“卖火柴的小女孩”（The Little Match Girl）、“驴皮”（Donkey Skin）等童话故事果然后来派上大用途。它是我的两个小孙女接触的第一本英文原版书，她们不但都被那动人的情节所吸引，更对那精美的插图爱不释手。

The Sleeping Beauty ↑

这两对夫妇的年龄都和我差不多，若不是失联，这次来曼联找他们叙叙旧该多好！

回伦敦的途中，我们顺道去拜访了文学巨匠莎士比亚的故乡斯特拉福德镇（Stratford）这个小镇。全名应是：Stratford-upon-Avon，upon-Avon，意思为“在艾冯河畔”。

↑ 文学巨匠莎士比亚故居

因时间所限，又加上那时雨下大了，只能匆匆留影作纪念。

回到伦敦，少不了还要去剑桥大学，见到了牛顿树。据说这不是砸醒牛顿的那棵原树，而是补种的。

但遗憾的是没见到我的学生袁博平。袁博平是我在烟台师院教学时

1978级的学生，后来留学英国，经发奋努力成了剑桥大学的博导。20世纪80年代他回青岛时，青岛媒体从电视到报纸大力报道了他从木匠到博导的艰辛成功路。他真的当过木匠，在烟台上学时曾亲手给我做了条小板凳。他厨艺也不错，在我家教过我如何做沙拉。我本来带着他的电话号码，但在那里打电话不像国内方便，再说是跟团旅游，剑桥又那么大，费时找人，白添麻烦。

每次出游，不愉快的事时有发生，这次也不例外。

第一次不愉快发生在参观大英博物馆时。

一进中国展馆看到那么多中国珍奇宝贝展示在那里，我的心禁不住就不平衡了。把别人家的宝贝抢来珍藏展览，而且心安理得，这算怎么回事！？

而且人家堂而皇之地用中国龙打招牌做幌子，说某年某月某日要搞什么展览活动呢。

这一块印度石碑毫无疑问也来路不明。我不知道印度人看了有何感受，反正我看了愤愤不平。老牌帝国的崛起都是靠带血双手的攫取，哪像我们是靠劳作双手的积累！

特别看到这尊大石佛时，我的气更不打一处来！

请注意：这件宝贵文物明明是从中国境内抢掠的（我仔细看过那份详细的抢掠地点和过程的英文标示说明），却刻意将其放在中国展馆与印度展馆之间的位置，其居心之叵测令人发指。那意思是说：你们要不回去的！它既不属于中国，也不属于印度，就该放在我英国。我当时禁不住朝旁边站岗的卫兵怒目而视。他不敢正对，赶紧扭过头去。回头想想，不该卫兵的事，是他老祖宗做的孽。

第二次不愉快是发生在曼彻斯特中国城。

这张照片之所以照歪了，是因为老伴在曼彻斯特中国城被一法轮功者气歪了。那位法轮功者手拿宣传品追着硬往她手里塞，口里还大放厥词搞政治鼓动。又急又气的老伴匆匆跑出了城，照相时手还哆嗦。

直到我给她拍了张漂亮的照片才缓过气来。

最后一次则是在乘坐大英帝国航空公司这趟飞机时发生的。

离开伦敦那天，“check in”时行李箱好半天托运不上。我等得不耐烦了，问机场女服务员为什么。她说了一个什么东西“broke down（停摆）”了，好像是输送带出了故障。我没听清，又问了一次。于是她不耐烦地大发雷霆。我生气地说：“Do British ladies all behave like you（英国女士们都你这德行）?”她这才闭嘴。

上了飞机用餐时，一个看似印度籍英国男乘务员送餐时，操着一口标准的伦敦腔，以炒豆般的语速问我吃什么。谁知道他说的是哪门子西餐？无非就是两种，你说鱼还是牛肉不就得了，他偏要把两种食物说成两种西餐专门术语。我让他再说一遍，他傲慢地又快速地重复术语。那我还是没听懂啊。于是我指了指邻座的那份餐用汉语低声说：“小子，就那个！”嗨，他竟听懂了，乖乖地给了一个牛肉餐盒。

2008年6月4日，飞机安全抵达北京首都机场，八日游宣告结束。

这真是：East or west, home is the best（不管东方还是西方，最好的还是家乡）!”

肆 加拿大探亲

2011年11月21日至2012年3月29日去加拿大温哥华儿子家探亲4个月。四个月的时间不是太长，但也不算太短了。

西温哥华——人间天堂

温哥华又称大温地区。大温地区有西温、北温、温西、列治文、本拿比、素里等十几个市。而西温人口较少，是大温地区最富裕、住宅最豪华的一个区。温哥华历来被评为世界最宜居城市的前五名，西温占首功。毫不夸张地说，西温的环境堪称是“人间天堂”。这可能就是为什么现在许多人离乡出国选择了加拿大温哥华的原因吧。

西温依山坐南而建，半壁山坡盘山路蜿蜒。排排风格各异的独栋别墅，宛如天庭楼台宫阙。

门前房后花园各异，奇花异草斗妍，周边参天松树成林，山间小溪流水潺潺，俨然一幅人间仙境。

极目远望，山下英吉利湾（English Bay）和号称世界最大城市公园斯坦利公园（Stanley Park）的美景一览无遗。西温哥华之所以在山坡上建城，就为欣赏这一据称是世界上最好的海景。港湾天天海面如镜，因为温哥华没有大风。上帝赐予了它这样良好的自然条件。

不管从山上房子的室内还是室外都可欣赏到这美轮美奂的景色。

雾景更令人遐想那梦幻般的天宫。

夜阑人静，万家灯火，景更迷人，只可惜本人摄影技术不佳，只能拍出这种效果。

温哥华的气候也得天独厚。与中国哈尔滨差不多的纬度，冬天却温暖如春。温哥华冬天的奇妙之处就在于3℃的气温，你不会觉得冷；山顶积雪皑皑，山腰绿树成荫，山底鲜花盛开；暖湿气流使这里冬天多雨，所以人家小学生写作文是这样说：冬天来了，小草绿了。

天人合一

到温哥华的人无不为Ambleside海滨天人合一的景致所陶醉。孙女说她去过那里许多次，每次都会觉得置身于童话世界而流连忘返。原来她不光是为那些花花草草，更为那些野鸟之类的动物。

这是紧靠Ambleside海滨的马路。路旁天天可见成群的海鸥、乌鸦和鸽子。

离路不远处，有个天然大池塘，池塘里有成群的水鸟，孩子们纷纷前来喂食。

池塘中这对优雅的白天鹅，已经在这常住并生儿育女，引无数游客驻足兴叹。

岸边树上常年栖息着几只灰色长嘴鹭，鹭立柳梢自管悠闲小憩。

小松鼠光天化日之下趴在树上摆“POSE”任游人拍照，我是第一次见识，但孙女说在西温这已经司空见惯，不但能经常见到小松鼠，有时也能碰到鹿甚至还有熊等大动物。

西温的房屋都为独栋屋。独房独院每家每户栽花植树，庭院绿化与自然植被和谐统一，浑然像绘制的幅幅油画；细看，其园艺独具匠心：因地制宜，粗犷而不失细腻；布局巧妙，简约但并不单一。

树木以松柏为主，枫叶当为国树，几乎每家必有。花卉也和青岛一样，就那么几种适于室外的耐寒品种，以大穗杜鹃为最佳。好像被称为“Chinese rose”的月季花在这里不服水土，长得枝干孱弱，很不成器。可能因为温哥华冬天多雨，夏天干旱的缘故，温哥华4～7月份却很少下雨。

但温哥华常年树木茂盛，很少见花木枯萎或凋零。原来他们植树工序一丝不苟，根基打得很好。我亲眼见绿化人员在整修一个路边花园，那可真是做工精细。他们先将全部园地深挖，去除沙石，底下铺上一层细沙，然后换上黑黝黝的沃土。那种土散发一股臭味，据说是用收拢的每年圣诞节树磨碎制成的。不像国内大多数绿化那样，只在原地挖个坑，而坑的周围则或是石头或是硬土，填坑时用原土能把大一点石头剔出就算不错了，结果，花木栽上后能活就活、能长就长，每年植树造林成活率不保。

天人合一的学说内涵深奥，内容博大精深。我在这里仅从人与自然的和谐，大自然的生态平衡方面说明，温哥华的城市开发和环境保护做得的确到位。这也不由对比起山东荣成的成山头的开发。1970 年，我曾经去过成山头。那时的成山头是一片自然风光：海岸上礁石林立，错落有致，陡峭险峻。据说曾经在那里拍《海岛女民兵》时一演员不小心而殒命。记得那时还放置一巨大的扩音器，鸣响时发出惊天动地、令人心惊肉跳的雾号，报警海上过往的船只。但 1995 年我再去时却景况迥异。险峻的礁石海岸变成了光滑的水泥地，只留下了水面上一处比较陡峭的礁石，两边还架上了铁栏杆，供游人到此拍照留念。扩音器也不见了踪影。那么好的一个自然景观竟成了一个大煞风景的人文景点。“到山尽头一游，你的官运到头”倒成了卖点。

行车文明

加拿大人的行车文明，不能不令人佩服得五体投地。“车让车，车让人，人让车”在加拿大已经不是标语口号，而是深入人心的准则和习以为常的行为，达到相当高度的文明。这在没有设红绿灯的十字路口体现得淋漓尽致。非交通要道的十字路口都立有 STOP 交通牌，驾车人到此，不管路上车多车少，必然要停车先观察路口，谁最先抵达，便自觉遵照“First come, first go”（先来后到）守则，让谁先过。我在温哥华 4 个月，从来没见有谁违反过。因为你抢行了就要受到人们的鄙视。就是这样一个小小的 STOP 标志牌，连中国大陆来的最不良开车人都收敛了，最不守规矩的人也变老实了。在加拿大，绝对是车让人，在没有红绿灯的路口，行人大胆过马路，车总是“怕”人。不像国内——人总是怕车！

凡从西温和北温开车到温哥华市中心，必定经由这座狮门大桥（Lions Gate Bridge）。狮门大桥与美国旧金山的金门大桥（Golden Gate Bridge）齐

名。这条长 1829 米、高 61 米的跨海悬浮大桥是由私人出资(此后以大片土地置换转为政府),于 1938 年建成通车。但大桥只有三条车道的狭窄通行能力,其中一条在交通高峰时还只容公共车辆通行。虽然公众一再呼吁对大桥进行改建或另建,但为了保留大桥的优雅原貌,直到 2002 年才对桥面和人行道稍做升级改造。有人说,是西温原居民不愿把桥加宽或新建,唯恐外人一拥而入。20 世纪 70 年代,西温原居民多为伊朗裔有钱人(伊朗叫巴列维的国王被推翻后纷纷逃离至此的贵族),那时还不准华人入住。金融危机后,伊朗裔人卖掉豪宅去别地花几十万买栋公寓择地而居了。2010 年以后,华人面孔增多,中国人成百涌入了,但桥还是那么窄。

↑ 狮门大桥

狮门大桥上的行车文明已在全世界传为佳话,成了温哥华一道靓丽的行车风景线。很多人到温哥华旅游都专程来见识一下这桥两端令人称羡的排序和编队(the admirable queuing and merging)。

西温和北温来的车流是从四股车道汇集到大桥的入桥口。而桥上只能单车道通行,于是四股车道的车辆必须先在桥口排序由四行变道成两

行，再由两行汇编成一行，徐徐有序地驶上大桥。整个变道和编队过程无人指挥和疏导，全凭驾车人自觉遵守“先来后到”守则。大桥上虽然也时有堵车，但绝对是堵而不死，车总是在流动，因为没有人抢行加塞，人人都在维护交通秩序。

停车也是如此，任何停车场，没有导车员，没有收费员，但停车秩序井然。凡见下面标志的车位就别进去停车，如果你不想被罚款的话。事实上，即使车位再紧，也没见有人开进专为残疾人保留的车位。

所以，很多人初回到国内不敢也不会开车了。当然，如果中国人都像加拿大人那样绅士般开车，不知是车会更堵了还是更顺畅了？!

烟酒专卖

人们都说加拿大是个很自由的国家，那要看哪一方面。或许婚姻非常自由，但抽烟喝酒就十分不自由了。加拿大政府认为烟酒不利于人的身心健康，所以实行严格管制。你别想象在国内那样，在大街几乎任何商店或小铺都能随便买到一盒烟，也别指望在什么饭店都能随意喝上一口酒。烟和酒都必须去专卖店，而你开车跑遍整个西温市中心，这样的专卖店也就两家。专门店的酒可大都是西洋酒，葡萄酒除了中国的几乎哪一国的都有，每瓶价位从昂贵的几千加元到低廉的几十加元，应有尽有。此外，比较多的就是啤酒。啤酒多为当地产的，味道嘛，我感觉不如咱青啤。问题是，大冷天不能光喝冷啤酒不是？另一个麻烦是，下一次买啤酒还必须把空瓶子带回去。而要喝白酒，中国白酒也有，那就是代表国家名声的茅台和五粮液。可那价位就不敢问津了。没办法，看到墨西哥一种仙人掌白酒很好奇，因为教学时曾经教过一课书，说这种酒是普通老百姓喜闻乐“喝”的一种大众酒。一看价位也不高，买了一瓶一尝，味道说不上好极了，倒也带点中国白酒味。买烟就更麻烦了，卖烟的店主必须要把香烟遮盖起来，不能公开主动出售，更不能卖给 18 岁以下的青少年。

抽烟就更纠结了。要想吸烟只能到外边，所以加拿大吸烟的人不多。但令人奇怪的是，加拿大女性吸烟的倒是很多。要想抽中国烟，就得从国内带，规定每人一次可携带两条，带多了可就属于走私，不但要没收，还要罚款。两条烟也就我一个月的量，4 个月的漫长时间哪儿够，不够了就只有两个办法：其一托人去国内捎带，其二买当地烟。当地烟都有一种生烟味，中国人很少有人能抽习惯。

即使有了烟，也不能随便抽啊。不但严格规定室内不能抽，就是跑到室外也要在指定的、距离建筑物几米的吸烟区去抽。奉劝不懂外语的人赶快戒烟，如果你想去探亲的话，因为你若看不懂那些英语标示，说不定就让人家逮住并重罚了。

在家里抽烟也不自由，因为在国外待久了的孩子都知道抽烟有害、抽烟损害健康，在孩子面前抽烟不道德。所以我抽烟时，第一，无论外面天有多冷也要出去抽；第二，偷偷地别让孙子看见，他一看见就把我反锁在外，有时苦苦央求也不行。

人工金贵

抽烟喝酒不便倒也好说，一日三餐不适就是个大问题了。

来到不久发现，吃饭老是食不甘味。开始以为是倒时差的缘故，因为十多小时的时差往往会引起睡眠紊乱和食欲缺乏。但时间长了就觉得有点不对劲，那白菜尽管和咱青岛的长相无二，但包包子、包饺子都不是咱青岛白菜馅味。吃起来既不香又不甜，炒着吃也只觉水渍渍的，不是纯正的白菜味。那韭菜和菠菜连长相都有异，味道就更不咋的。想想也是：一方水土养一方人嘛，水土不一样，气候也有异，那儿长出的菜肯定不对我们的口味。也就是加拿大的面粉倍棒，做出的馒头比面包都好吃。可也不能天天啃馒头，有时就出去吃。但这舌尖上天生习惯中国味的中国人，还养成一个中国胃，什么热狗、汉堡这类西方快餐就是难以下咽。外国餐倒是不少，意大利面、希腊饼、墨西哥餐等都吃过，可也就第一次吃着新奇，吃第二次便没了“胃”趣，只对咖啡还留有回味。

吃外国餐时发现，各家餐馆或餐台都顾客不多，门可罗雀；服务人员更少，甚至就没有，基本都得自助到柜台去亲自领取，别想让人到你跟前提供就餐服务。这才想起：加拿大人烟稀少，人工十分金贵。

儿子的房后有块草坪，找人割了一次草，一小时 10 加元。一天下来结账时，孙子看给了 2 个除草工那么多钱，心痛得掉眼泪说：“爸爸，你把钱都给了人家了。”为了省去这笔让孩子心痛的费用，只好买了台割草机自己动手了。

在温哥华 4 个月，若不下大雨我们几乎天天沿着这条山上的大路散步，吸收那沁人心脾的新鲜空气。经常是路上空旷无人。偶尔遇上个“hiker（散步者）”喊一个“Hello”，或者哪怕是一辆汽车擦身而过就觉这一天见到人烟了。

一天，我看到五个人来这条路边修一段路沿。我步测了一下，路沿约 30 米长。路沿不是用石条垒砌，而是用一辆特制施工车水泥浇筑。除了浇筑施工车，他们还动用了 2 台铲车和 1 辆水泥车，忙活了整整一个上午。这里人工费高，1 小时 8～10 加元。可能用机械作业比人工更省钱吧，这在中国一帮

农民工用一辆两轮车拉着一根根石条不用一天就铺上了。

不光是修路，盖房子也是只见机械不见人。

我们从左边照片中这个挖房基工地经过时，绝少看到有人在露天施工。而右边照片中这栋在建的房子旁边几乎总是停着这一辆车。

移民加拿大的人家很少有人雇佣保姆，因为除了要保证规定的最低工资标准外，还要严格遵守法定的工作时间，违反了就一定要受到起诉。

加拿大的家庭维修大都自己动手。他们动手能力很强，从电工、木工，到下水工样样能干，要不请人登门很贵不说，还要预约，赶到如约而至，“黄花菜都凉了”。

在温哥华擦车也得自己动手，城里就没见过有洗车的。可如果你要找个洗车店，那就不是十元二十元的费用了。多亏空气清新，汽车一般脏不了，儿子说他三年从来就没擦过车！

空气的清新用一个例子即可印证：我们散步时在路边看到一个里面下满了雨水的冰激凌空盒，四个月的时间，我们来来回回不知多少次，看到里面的雨水始终是清澈的。还有个例子也能说明：不少得了肺气肿的人，来温哥华半年就不治自愈了。也是，这空气都能治好人，车肯定也无需保养了。

是不是人金贵了就懒惰，我不敢下断语，但加拿大人的办事效率看来不高。这栋房子里就见几个人在忙活，已经盖了三年还未完工呢。一条路修三年还不通车，都不算稀奇。还经常看到港湾内的锚地停泊几艘货船，一停就是十余天。盖房、修路、卸货不急倒也可以，看病不急就令人不可忍了。孙女脚上长了个鸡眼，去药店配制了点鸡眼膏，3 天之后去取还说没

←三年尚未完工的房子

配好，气得我不禁要发火！难怪，有不花钱的医疗保险，有了病还都回国来治，看来工作效率真有问题！

不要以为人家人稀就敞开进人，去加拿大的门槛高着呢。有高中学历以上者，可以到这里打工，但要做生意、找白领工作、办实业就很难很难。我就知道，有一人在那搞了一个化炼废铜的小工厂；有一个律师，说要开事务所，几年了，手续还在办着呢。

教育纠结

人们都说加拿大教育是素质教育、轻松教育而中国是知识密集教育、填鸭式教育，于是，为了使子女能享受更优质的教育而移民加拿大了。不能说移民百分之百都是如此，但相当一部分是抱着此目的的，可以说是教育移民。

来加拿大后，我算是亲眼观察了这种素质教育、轻松教育。

孙女和孙子那时在西温最好的一所公立学校上学。要说他们轻松，确

实是轻松。

首先是时间上轻松。

学校上午9点上课，下午3点放学，在校时间总共6个小时。午饭时间从12:05到12:20，规定12:30以后必须到外面活动(All students must be outside by 12:30)。另外，上午和下午也必须到室外活动各半小时。所以，在校的上课时间不到5个小时。加拿大的公立学校没有校车，早上要由家长车送，下午由家长车接，而且必须准时，晚到一分钟接孩子要罚款1加元。

7月和8月是学校法定的暑假2个月，3月12日至23日法定春假10天，12月19日至来年1月2日圣诞假日（相当于中国的寒假）15天，再加上平时各种节日和教师休息日，全年光假期至少4个月！每日上课时间比中国少一半，假期比中国多一个月。细算一下，按每天6小时计算(实际不到6小时)，在加拿大的上课时间一年也就120天左右，相当于国内的1/3，时间上足以轻松了！

其次是学业轻松。

孙女已经上五年级了，只见书包里有一个文件夹，里面装有一份“STUDENT HANDBOOK（学生手册）”及一个学年的“AGENDA（课程进度）”。文件夹里有时附有几页讲义，是老师布置的一点家庭作业，看她也就半个小时便做完了。从来没有见她带回什么课本回家。后来我浏览《小屁孩》(Diary of a Wimpy Kid)一书中的一篇日记才知道：原来课本都是几届学生循环使用，五年级的课本就永远放在五年级的教室里。这种书叫“hand-me-downs”，我一时还真找不到一个合适的汉语来对应它。细究之，获知：因为公立学校学生不用交学杂费，学校没有那么多钱每年都给学生买新书本，旧教科书便一级一级传着用，也就节省了财政开支。小屁孩曾在日记中抱怨说：用前十几个学生用过的书，有种难以使其有真正学习的感觉。是啊，要在中国让孩子用旧教科书，不说是孩子本人，就是孩子家长也难以接受！

再说素质教育。看孙女学校五年级开设了这么几门课程：Literacy

（语文）、Math（数学）、Music（音乐）、Science（科学）、Physical Education（体育）、D.P.A.（Daily Physical Activities，日常体育活动）、C.H.（Career & Health，生活与健康）、Art（美术）、Project（课题）、Socials（社会文化课）、Silent Reading（阅读课）、Library（图书馆课）、French（法语）。

看来 Literacy（语文）、Math（数学）、Music（音乐）、Science（科学）、Physical Education（体育）、Art（美术）与中国的课程基本相同。法语是加拿大国情所要求的，因为基本一切都要求用双语标注。日常体育活动、生活与健康和社会文化课这 3 门是否对等国内的课外活动、生物和政治课我不太清楚。那么恐怕就是"Project"这一门是加拿大教育的创意了。

由于从未见过"Project"教科书内容，开始以为就是门手工课，因为孙子经常带回些手工作品，并不知道"Project"的确切意思。直到有一天孙女在微机上做了一个很大的文件，内容是有关猫武士（Warriors Cats）的幻灯片，好家伙，各种各样的猫武士图文并茂，她是在做一个猫武士专题，我这才明白"Project"是课题课程，学生全凭个人的特长和爱好，任意选自己喜欢的课题，充分发挥想象力、思维力搞创作。这个作业确实不轻松，我看孙女用课外时间整整忙活了十几天，做出46篇还没完工。原来素质教育是在这儿！这可能就是素质教育的精髓——兴趣引导、自主创作、动手动脑、大胆探究，孩子们就是累，也乐在其中。

关于其他，不妨从教师布置的作业中窥其究竟。

这是孙女的老师寒假前布置的假期作业原文：

This Week

Literacy（语文）

We continued to explore the Asking Questions strategy for the purpose of enhancing our comprehension this week. The students continued to read about the ancient and current cultural practices of this country. The student completed a ______________ as they compared the two eras and did a reflective writing piece on one area of the culture. What area is your child writing about? Ask them because their homework is to write the good copy this weekend (due Tuesday).

Socials (社会文化课)

We came to the end of our Critical Question work this week. The students posted their responses to my blog and some students came up with very imaginative ideas. Take a look at my blog when you get the chance and see what all the students thought. What idea did your child think would be great to borrow and WHY?

Homework Over the Holidays (寒假作业)

Students will not be assigned a homework package over the holidays in Literacy or Socials. They are encouraged to do the following though.

(以上意思是:假期不给学生布置语文和社会文化课作业,但鼓励做如下三件事情:)

1. 25 minutes of reading a day and complete AHR sheets (found on this blog). (每天阅读25分钟,并完成AHR作业纸,在学校博客中可找到。)
2. Keep a journal of their holiday. They can share an entry when we return in January. (记假日日志。1月返校时与同学交流一则日志。)
3. With your child, talk about the events that are occurring in the news. Ask them to read articles/watch new reports and tell you about them. Ask their opinions and their reasons. All of this will benefit their critical thinking skills. (与孩子交谈新闻中发生的重大事件。要求她们阅读文章,看电视新闻报道,并将有关内容告诉家长。)

很明显,对五年级的学生,上述作业都是创造性的,不是机械被动性的。

再说说孙子。孙子那年5月份就6岁了,下半年马上要上小学,但他现在在加拿大上的幼儿园里,每周周末或放假带回来的就是一些手工作品，有剪纸，有画画，有贴纸等。他做了一些圣诞饰物倒是挺精致的，自己找地方挂了起来，就是没有写多少字。到现在，数目字恐怕还没有写到 100，26 个英文字母也不完全会写。2 月份 29 天倒是天天布置作业，而 3 日是“Find the letter ‘Q’ and ‘q’ in many places.”（找出有大写 ‘Q’ 和小写 ‘q’ 的词）；到了 8 日又让“Think of things that begin with ‘b’（想想以字母 ‘b’ 开首的东西）”。数学作业布置更好笑：“Count backwards from 10. Practice it!（从 10 往后倒数，练习数）.”，孙子不到半分钟就从 10 倒背到 1 了。到 20 日又让“Practice printing the number 6. Then print the numbers 1，2，3，4，5，6.（练习写数目字 6，再从 1 写到 6.）”。这哪是学习，分明是游戏。10 个数在幼儿园还没教完呢，而且这 10 个数还要家长给代劳呢！这可是真真正正的轻松教育！

但加拿大十分重视孩子的体质教育，别看人家的孩子个头长得并不比中国孩子高大，也不是很结实，但几乎个个动作敏捷、身手不凡，在体育技巧方面，中国孩子无法望其项背。冬天，中国孩子捂得严严实实，而人家却单衣短裤，体质相差岂止一截！在温哥华，几乎没有华人敢下海游泳，因为海水温度很低，但人家当地人夏天游泳的很多。中国移民几乎没有一人不佩服加拿大人的体质。

我现在知道了：为什么那么多家长本来是为了孩子的教育才移民加拿大，而几年后又要打道回府？她们认识到：中小学还是让孩子回中国受点“折磨”吧！在加拿大这样轻松惯了，非但只是基础打不好，孩子就浪荡成“Playboy”了！这并非危言耸听，多少孩子在国外留学成了“游学”。留学镀金但学业无成，值得家长深思！

我的结论是：两种教育各走极端。中国“灌”得太多，而加拿大“松”得出格，两种教育能互相补充，则相得益彰。有机会接受两种不同教育，既能更好地打下基础，又能健康活泼地全面发展。

好多移民朋友也认为：放羊式的学校教育，孩子学习方面，风险太大，对孩子从小养成良好的学习习惯很不利，特别是在加拿大的公立学校上学。加拿大公校强调孩子有平等受教育的权利，没有特殊教育。你的孩子也许就会和一个智障的孩子是同桌，和一个有多动症的孩子在一起。加拿大公校教师一学期就教那么点简单东西，还动不动嫌待遇低闹罢工。孙女的学校有一年时间没发成绩单了，就是教师在罢工。都说外国没有“铁饭碗”，加拿大公校教师基本就是个“铁饭碗”。据说加拿大公校教师的门槛很高，但一旦进去了，就好坏不能被炒，因为要讲人权嘛。人们都说加拿大公校教师叫政府给惯坏了。

所以不少家长给孩子选择了私校。有人还强烈建议孩子越小的越要送私校。私校教师别看水平不一定比公校的高，但怕被炒，压力大，责任心强，对学生贴心，各个方面抓得较紧。应该说加拿大，特别是美国，才是真正的精英教育，因为那些老总、律师、法官、教授、工程师家的孩子们，从启蒙教育开始，有人还说从胎儿就开始，就去有名的私校占位置，而工人、售货员的孩子才去受国家的免费公立教育。人家是两个不同的跑道，培养未来社会需要的不同人才。偌大那么一个国家人口又少，都去“劳心者治人”，谁去“劳力者治于人”？

但在我看来，不管是公校还是私校，孩子在加拿大上学，关键在家长抓得紧不紧。放羊式的家长，就是花钱让孩子上私校也不一定成功。家长抓紧了，就是在公校的大环境下，也能让孩子养成爱读书的好习惯。我想我孙女在妈妈的疏导下大量阅读就是个成功的例子。

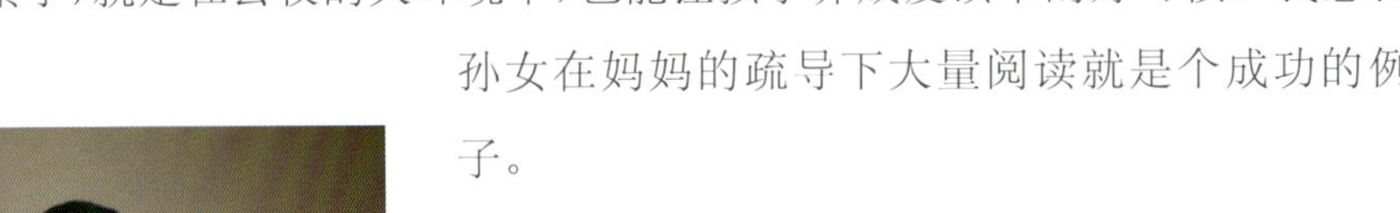

孙女嘟嘟自小酷爱看书，来加拿大三年更是对英语童话和小说产生了浓厚兴趣。每天晚上她都伏案阅读，多次催促也迟迟不愿睡觉。我见她房间书架上摆放着上百部英文小说，什么《Diary of a Wimpy Kid》（《小屁孩》）、《Warriors Cats》（《猫武士》），问她竟然说都读过。光《猫武士》

一书就有五个系列，每系列6本，共30本厚厚的书，她还不止读过一遍，令我不禁为之所动。小小年纪英语阅读量就这么大！这在国内，英语专业院校的大学生都难以做到。再看她阅读速度之快也令人难以置信，一页书一两分钟就翻过去了，基本可以说是"一目十行"，且很少见她用电子笔点查生词。

我见她单词量这么大，英语阅读如此娴熟，便琢磨如何引导她学以致用，掌握语言的实际运用能力。

一天，我在一份报纸上看到下面这个小故事，便在微机上写下来说：嘟嘟，你把这个故事翻译下来我看看。

小白兔钓鱼

有一天，一只无忧无虑的小白兔到河边钓鱼。可是，什么也没钓到，空手回家了。

第二天，小白兔又去河边钓鱼。还是没有钓到鱼，就回家了。

第三天，小白兔刚到河边，一条大鲤鱼跳出河，向小白兔大喊："可恶！你竟敢用胡萝卜做鱼饵，我扁死你！"

她一看，很喜欢，便立即动手打英文字。不到五分钟就说翻译完了。

我一看她如下的英文翻译不觉大吃一惊，不但语句正确，而且用词活泼、构句地道、韵味纯正。

A Little Rabbit Went Fishing

One day, a carefree little rabbit came to a river and began fishing. But, nothing was caught. The little rabbit went home empty handed.

The second day, the little rabbit still went fishing. No fish were caught, and he went home with nothing.

The third day, the little rabbit went fishing again. Before he could do anything, a giant carp jumped out of the water and shouted at the rabbit.

"How dare you! You used carrots as bait? I'll kill you!"

（注：我只加了一个词 carefree，后来外教也只改了一个词：kill/get you。）

由此我产生了让她翻译小故事的念头，以让她打通两种语言。就这样我们开始合作。我寻找合适的汉语小故事；嘟嘟先将故事按她的英语思维进行改编，再翻译成英文。很多故事，她居然先写成英文，再回头整理汉语，有些故事情节也做了改动。4 个月的时间她编译了 52 篇故事。

2012 年 3 月回国后，我把她的故事稿拿到中国海洋大学出版社。孟编辑读后大加赞许；李副总编看了拍案叫绝，当即拍板出版，选取了其中 32 篇，定名为《嘟嘟英汉对照小故事》。为此书，出版社不惜聘请了在日本获奖的卡通绘制专家，耗时半年为其做了精美的插图。而且应出版社的要求，嘟嘟本人为全书录制了英语录音。书于 2013 年 1 月正式出版，这一年嘟嘟刚刚 11 岁。

Fairy Tales in Memory of the Turtles

In the year of 2001 when I was born, Father bought me two little turtles.

In the year of 2008 when I departed from China to Canada, I, cherishing a great dream, said farewell to the two little turtles.

In the year of 2011 when both the turtles and I were 10 years old, we grew big enough. For 10 years, I had dreamed of writing a fairy tale. The fairy tale I was dreaming to write was about the turtles. This is probably because, out of all the nice tales I was told, the one that strikes me most is always "the Race of the Tortoise with the Hare"; meanwhile the little turtles in my faraway home have always been in my dreamland day and night.

Later, in Canada I pored over quite a lot of English fairy tales about various little creatures. Yet the inspiration from "the Race of the Tortoise with the Hare" has always been the most helpful to me in my growth.

I wish I could be like the diligent Tortoise, striving step by step for the dream to write the beautiful fairy tales of my own.

2001年我出生的时候，爸爸给我买了两只小乌龟。

2008年，我怀揣着大大的梦想，告别了两只可爱的小乌龟，踏上了加拿大的土地。

我和小乌龟都十岁了；我们都长大了。十年来，我一直梦想要写一个童话。而我梦中要写的童话，一直与小乌龟有关系。这或许因为在我听到的诸多美好童话中，“龟兔赛跑”最让我心动；而遥远故乡家中的小乌龟也一直让我魂牵梦绕。

后来，在加拿大我读了大量英文小动物的童话，但“龟兔赛跑”的启示在我成长的过程中对我的激励最大。

我愿像一只勤奋的小乌龟，努力一步一步往前走，实现写出我自己美丽童话的梦想。

即使这样，在孙子是在国外读小学还是先在国内打几年基础的问题上，颇费了一番纠结。经过反复权衡，最后还是认为回国上学打好基础乃为上策。于是，2012 年暑假之后，两人回到青岛入白珊学校上学。

加拿大教育，中国教育，互补又纠结。

欢度春节

众多海外华人仍然保留了过春节的中国传统，也数日子、办年货、过小年，许多家庭还去买“福”字，贴对联。不过，这些都是为了孩子，为了孩子不忘中国根。

在温哥华，你不愁买不到年货，而且花色品种也不比国内少。中国城、列支文、本拿比都是华人的天下，年货来自国内山南海北。在“大统华”和“八佰伴”等华人成堆的超市商场，不但中国商品齐全，而且张灯结彩营造浓浓的节日气氛。

家里，本不想刻意装扮了，只请了个财神和“福”字，但孙子可能嫌这节日气氛不浓，不知从哪里找出一张圣诞礼物包装彩纸，拿出一盒很高级的彩笔，非要再做一些装饰。我只好用其剪贴了一个灯笼，用他提供的彩笔写上“合家团聚，欢度春节”。剩下的彩纸，孙子非逼我写对联，便索性

提笔写了副“佳国佳景佳人，佳节佳雪迎春”。自编自写虽然拙劣，不过其乐融融。

加拿大学校春节并不放假，但一月份的教学日程中有下面专门一栏：

Chinese New Year Celebrations（中国新年庆祝活动）

Next Monday, January 23 is the start of Chinese New Year, the year of Dragon for 2012. We`ll be having a snack of noodles and dumplings as part of festivities. It would be fun if your child would like to wear something red, brings an orange to share for desert.

说 1 月 23 日是中国龙年新年，为了庆祝，要举办一次面条水饺快餐，让加籍中国孩子穿红衣，拿饺子到学校分享。

看来学校是借机丰富学校的活动内容。但让孩子再带个橘子去，这是不是有什么寓意？金黄色的橘子代表财富？加拿大人也想分享中国人的财富？小孙女给全班 21 个同学准备了红包，每个红包放了 2 个橘子。

腊月 28 日（国内年除夕），西温的中国同胞聚在一起包饺子。老老少少近 70 人，包了 1200 多个饺子。这种聚会不但喜庆了节日、减少了乡愁，也凝聚了同胞感情，连孩子们也有机会一起相遇。

大人则根据传统，年除夕吃团圆饭。有亲属的一家人聚；没有亲属在跟前的，则几家知心朋友聚。大年初一也兴朋友间串串门、拜拜年、喝喝酒。

不过，和当地人一块喝酒可不是谈论过年好，而是人家喜欢的话题：打高尔夫好、划船好、狩猎好什么的，咱们老外在那里就更觉老外。

还是挚友张捷世老弟从国内发的新年祝福贺句能表达中国心：

鞭炮年年响，烟花岁岁开。玉兔乘风去，金龙驾雪来。

挚友客异国，真情系心怀。举杯同祝福，共待百花开。

除了这些，我看这里过年就像大多数华人感觉的那样：“过年如过日”，而且徒增了一层厚厚的“乡愁”。

2011年春节在温哥华儿子家就这么度过的。

在温哥华不但度过了一个难忘的团聚春节，4个月的朝夕相处，更目睹了孩子的快乐成长，享受了天伦之乐。

这是我有生第一次上滑雪场去看孙女和孙子滑雪写的：

温哥华天气的神奇就在于：冬天多雨，但山下是雨，山上就是雪。所以滑雪是温哥华一项普及运动，而且成为一种产业，全世界的人都飞临温哥华来滑雪。温哥华人滑雪从娃娃就开始学起，因为这里有得天独厚的优势，开车15分钟就可以抵达最近的两个滑雪场。想不到孙女和孙子也学会了滑雪。两人学了几次就敢上蓝道了。看到他们不畏寒冷、敢于攀登的精神，既感奇异又感自豪。

孙女在领取滑雪器具 ↑

孙子第一次去学滑雪 ↑

有时山下积雪，就可享受堆雪人的童趣。

听孙女嘟嘟弹古筝也是一种莫大的享受。孙女经持之以恒的刻苦练习，技艺精进，去韩国比赛时获得二等奖。

↓ 正在演奏中孙女　　　　去韩国比赛时获得二等奖 ↓

归心似箭

这次选在春节前夕来温哥华探亲，本意就是与儿子一家共度春节。本应十分开心，但过了春节后不久发现，在这里即使与孙子孙女共聚一堂，也没有在国内同在一室的感觉。终觉是“独在异乡为异客”，“牧童遥指杏花村”。后来得知：凡来温哥华这里的探亲者，特别是男性老年人的，都有这种感觉。普遍流行这样一种说法：加拿大“好山，好水，好寂寞”；中国“好脏，好乱，好热闹”。

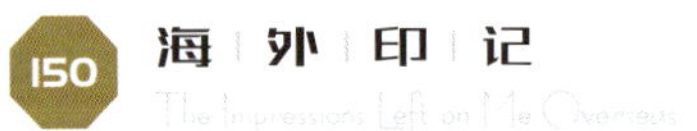

“好山，好水，好寂寞”的感触，其实不难理解。山再好，水再美，几天就看遍了。加拿大把探亲签证放在旅游一栏，是有道理的，来探亲必然要欣赏一下异国情调的景色。不过，很少有人在异国旅游超过一个多月的，一个月之后必然会感到多余。所以，有一位老兄来温哥华多次，但每次不超过半个月，这是明智之举。想一想也是：山再好，水再美，山是人家的山，水是人家的水，也和自己没有关系，我们只是观光客；我们在这里无根无叶，时间长了，身子像失了重，飘飘忽忽；和当地人顶多见面打个招呼，点点头，就是聊个天也无太多的话可说。老年人根深蒂固，习惯于中国式生活，外国环境再好也总觉格格不入。

老伴也深有感触地作诗云：

碧海蓝天空气新，环境如画陶醉人。
举目眺望似茫然，还是故乡山水亲。

“好寂寞”的另一个重要原因是：几天看完了好山好水，然后要想自己逛逛没有“腿”（车），要想找人聊聊没有“嘴”（不懂语言），要想购物兜里没子儿（没有加币）。

再说了，国内也不是到处“好脏，好乱”。不客气地说，青岛的山和水也不在温哥华之下。在青岛没有人感觉好脏，好乱吧？何况那是自己的山，自己的水，每年夏天看到青岛海边、美丽的崂山人山人海，那是种什么感觉？是主人翁的自豪感、骄傲感。在国内和老朋友真情相系，用自己的思维和文化诉衷肠、论天地，总能寻求到共识和乐趣。而纵观来海外的男女同胞们，正像老伴打油诗描述的。

男同胞是：

高尔夫场挥潇洒，高山滑雪展翅飞。

余暇百无聊赖处，偌大城市故我非。

身在异乡为异客，亲情牵挂难离舍。

国内国外两奔波。分身无术嘘蹉跎。

女同胞则：

身在他国度日月，烦心事儿有许多。

操持家务团团转，接送孩子成工作。

又当妈来又当爹，还要督导做功课。

孩子不听更上火，“你说出来干什么？”！

这便是为什么很多人来了不久就开始倒计时，计算何时能回归，回家与老友共举杯！

于是，我半年探亲尚未期满，便也归心似箭，只好提前打道回府。

伍 古巴阳光之旅

由于持中国护照去古巴可落地签，2011年12月11日，我们从加拿大冬雨绵绵的温哥华飞到阳光明媚的古巴，在那里享受了8天的阳光之旅。

古巴这个名字，对我们这一代人来说实在是太熟了，真可以说是鼎鼎大名、如雷贯耳。曾几何时，这个不畏强权的小国翻起过国际滔天风浪。即使今天，这个不起眼的国度，还有那个跨世纪政治不老松——菲德尔·卡斯特罗都吸引全世界的眼球。所以，这8天不但是享受了阳光沐浴，还在我眼里揭开了这个神秘国度的面纱。这8天，我看到了一个不同的世界，一个与自己脑海中想象的不同的天地。

我们去的度假村名叫“Varadero”，中文是巴拉德罗，距离哈瓦那大约2个小时的车程。巴拉德罗这个度假村是专门开辟为外国人来旅游的胜地，对古巴本国人则完全封闭。据说类似的度假村还有几个。这些度假疗养设施可能是应对几十年来美国对其进行经济制裁而采取的一项反制裁措施，也或许是要进行开放政策的特区试验。让我感到吃惊的是，这些度假区或村十分现代，不但与国内的任何度假村相比毫不逊色，甚至在格调和服务方面还要胜出一筹。

进入该区的外国游客，每人手腕上给系上一根塑料带，凭此带你可以24小时享受免费吃喝，包括各种酒类饮料。园区内有数栋宾馆楼，住宿房

间设备齐全，不亚于国内三星级宾馆。原来以为什么都不会有，因此自己带了洗涮用品，结果除了牙膏、牙刷、刮脸刀外，其他应有尽有，而且质量很好。

在宾馆楼之间都建有游泳池，随处都设有各式酒吧和餐饮服务。你可以躺在椅子上一边尽情享受阳光和美酒，一边听着锵锵的巴勒比乐曲，还可以观看当地人特有的桑巴舞姿。

度假村紧靠海滨，那沙滩很像青岛仰口那片大海滩，但那里可冲浪并有漂亮的游艇。沙滩虽不像青岛浴场的那么精细，却充满异国风光和情调。

第三天，组织了一次去海岛一日游。这个一日游别具一格非常出色，

表现出古巴人独有的旅游天赋。我们乘的是种双体机帆船，既宽敞又稳当。船在靠岸前，忽然停了下来，让乘客下水游泳去观看那清澈的海底。那可真是神奇的一刻，连海鸥都纷纷飞来加入。

船上播放着美妙的音乐，引孩子们不由自主随之起舞，并不时插入一些娱乐节目，使船上始终充满了欢笑和愉悦。

抵达海岛后的另一特色活动是，与海豚零距离接触。只见那些训练有素的海豚忽而听到哨音从排成一行的游人面前舞动行礼；忽而又鱼贯而行，任凭游人摸抚；再听到哨音便一跃而起与游人贴面亲吻，让游人雀跃欢呼，倍感刺激。

登上海岛，用过午餐，便享受那柔软的沙滩和和煦的海风。这个沙滩堪比海南的三亚沙滩。可惜那天温度有点低，而且没带游泳衣，未能下海畅游。

看了资料才知道古巴旅游资源十分丰富，有几百个风景点像翡翠般点缀在海岸线上。明媚的阳光、清澈的海水、白沙海滩等自然风光使其享有“加勒比明珠”之美誉，它拥有世界一流的旅游和疗养胜地。近年来，古巴充分利用这些独特的优势大力发展旅游业，使其成为国民经济的第一大产业支柱。据官方统计，仅 2003 年古巴就接待外国游客 190 多万人次，旅游业收入达 20 亿美元。

第五天去首都哈瓦那一日游。《美丽的哈瓦那》曾经是中国风靡一时的经典歌曲。其歌词简单朴素却朗朗上口：“美丽的哈瓦那，那里有我的家，明媚的阳光照新屋，门前开红花。爸爸爱我像宝贝，邻居夸我好娃娃……”来到之后觉得歌词非但不虚，还不足于表达哈瓦那的美丽。明媚的太阳挂

在湛蓝的天空，照耀的都是欧美式漂亮旧屋，而非新屋；不但门前开红花，几乎是到处盛开着鲜花。

导游先带我们看了旧城，即西班牙统治时期的老城区。哥伦布 1492 年航海抵达古巴。1511 年古巴沦为西班牙殖民地。1868～1878 年，古巴人民爆发了反西班牙统治的第一次独立战争。1895 年 2 月，民族英雄何塞·马蒂领导第二次独立战争。西班牙殖民者在这里统治了长达 380 多年！旧城看起来沧桑，却仍不失时尚。殖民者在这里留下的遗产被完好无损地保留下来。但见：古老的城堡和炮台依旧。

悠然自得的小广场古色古香 ↑

历史悠久的街道留有古代的足迹 ↑

卖花生米的小贩复古盛装 ↑

殖民时期的故居主人还保留在墙上　　↑

露天饭馆乐队的演奏，跳跃着古巴的历史音符，又荡漾着其独特的时尚乐感。

接着参观了新城区。所谓新城区，就是革命前美国统治时期所建的区域。美国占领古巴始于1898年，止于1959年1月1日，菲德尔·卡斯特罗率起义军推翻了巴蒂斯塔政权，成立革命政府。这前后也达60多年。

60年前，美国人在哈瓦那复制了白宫。

60 年前的硬币和马车成了旅游收藏和纪念 

60 年后，新城区的大街还是那么宽，大街上仍然跑的是老爷车 ↑

60 年后，哈瓦那唯一新添了这座解放广场，还有那栋不算太高的政府大楼。

可以说古巴革命后完全继承的是新老殖民者的遗产。这两份遗产如此丰厚，他们到现在还享之不尽。

一路上据导游介绍，古巴虽然工业不发达，经济单一，人民生活水平不高，但人们似乎大都满足现状，不想大开发大改革。我看：不大开发也好，这么秀丽的自然风貌，可别开发得面目全非；这么质朴、奔放的民族，不大改也与世界入流，可别改个不伦不类。可以这样说：古巴岛上这片国土，人和大自然有机合一十分和谐，就像是婀娜多姿的风韵少妇。古巴只要机制和政策对头，就能在现有基础上大发展，真的不需要过度开发，将大自然搞得承受不住，惹得人怨天怒。

古巴自 1961 年 4 月美中央情报局策划的雇佣军在吉隆滩登陆入侵被击败后，卡斯特罗宣布开始社会主义革命，1990 年 8 月，宣布进入“和平时期的特殊阶段”。1991 年 10 月，古巴共产党召开四大，决定坚持社会主义道路，坚持共产党的领导，坚持计划经济。1993 年起，古巴开始进行改革，每年均有新的改革举措出台。1997 年 10 月，古共五大召开，在坚持四大决议的同时，首次提出把经济工作放在优先地位。

古巴经济长期维持以蔗糖生产为主的单一经济发展模式，被誉为“世界糖罐”，人均产糖量居世界首位，蔗糖的年产值约占国民收入的 40%。古巴雪茄烟享誉世界。古巴旅游资源这样得天独厚，应充分利用这一优势大力发展，仅此产业就可赢得财富、赢得和平、赢得全球。祝古巴走好！

陆 美国三次行

1999年去过美国，那是海上之航。虽然历时3个月，但大多数时间都在海上航行，登陆时间把在巴尔的摩卸货、华盛顿一日游和新奥尔良装货加在一起不足10天。所以真正的美国之旅是2012年去了西雅图、洛杉矶和旧金山，以及2013年去夏威夷这4个地方的旅游。

印象西雅图

2011年11月去加拿大温哥华儿子家探亲期间，因为申请的是多次往返签证那种，所以可入境美国旅游。借道加拿大去美国，不仅省钱，更省事省力。所有手续都出人意料得顺利：没有再像去英国时那样到北京面签，也没有做体检什么的。

从温哥华去美国，最方便的旅游首发地就是西雅图，因为可开车直接前往，车程仅需3个小时，只是要有耐心排队等候过边卡。美国购物税低，西雅图仅6%，比加拿大低一半，加拿大人纷纷驾车跑到美国购物，一大早边境站就排起了汽车长龙，去年圣诞节前曾一天有上万辆车。人家加拿大人排队个个似绅士，不加塞，不心烦，几乎把排队当成种游戏；而我们一看前不见头后不见尾的汽车长龙，立马猴急起来。我们那天还算幸运，只排了20多分钟。

一过边境站，进入美国地的高速公路，同车前往的一对来自四川自贡的夫妇就说："他们的公路怎么还不如我们自贡的？"不过，路面虽然显得旧，却很平。据说提炼沥青的核心技术，直到现在还对中国保密，所以中国沥青路虽新，但不如人家的好。

路上的车辆也明显多了很多，车速顶多开到每小时50英里。所幸我们车上是6人，可以开到内侧一条车少的车道。这条车道仅限公共车和车上有两人以上的车辆通行，其他车辆若开进去则要罚款。据说这是为了提倡节能减排，最好不要一个人独自开着一辆车上路。这在国内公路上从来没见识过，真应该借鉴人家的做法。

加拿大自称和美国是亲兄弟，但来到美国一看，美国比加拿大有活力得多。这好像不仅仅是因为同样是地域辽阔，美国人口比加拿大多得多。美国公路两旁的房屋绵延不断，不像加拿大那样空旷；厂房和企事业单位也明显见多，给人的感觉是美国像一部运转的大机器，而写在美国人脸上的表情是忙碌，不像加拿大人那样优哉。

↑ 这条滨海大街很像是烟台市的北大街

观光船码头也比不上烟台的客运码头 ↑

但一进入西雅图，给人的感觉却是“脏、乱、旧”。建筑物、街道虽然不是很破败，显然都已老旧了，显示这是座过气老城了。我们顺着这条滨海大街漫步，感觉似曾相识，猛地想起很像是烟台市的北大街。因为它也临海，也有船码头，也有那么一股海腥味，但还没有北大街干净，脏兮兮的，好像几天没有打扫；临海一边更像，乱乎乎的，各类设施散散落落，杂乱无章。那个观光船码头也比不上烟台的客运码头。

另一令人失望的是，预订的那家旅馆。每天 92 美元的房间，狭小而简陋；既无暖气又无空调，竟还用这种加热器取暖。晚上室外机噪声震耳，让人一夜不得安宁。

你会相信这是 21 世纪的美国西雅图？!

↑ 卫生间里的灯饰竟还是这样的

在西温住了两个多月，到大街上只看到车，很少见到人，习惯了安静。初到西雅图看到车水人龙般的都市喧闹，仿佛又回到了中

国，而且几乎在每个街角，都会看到乞讨者，这在中国都不多见了。我偷拍了下面这张照片，不过让他发现了。他走过来向我讨钱，意思是我拍了他的照片就该付他报酬。

他走了之后，马上又过来一个，手里举着个牌子，上面写着："NEED $（需要美元）"。据说这种人一般是瘾君子。讲究人权的国家，同性恋都承认合法，吸毒者更要给条出路不是。有一种低价商店，还专门为这类人提供廉价的商品。我不止一次碰到有人伸手向我讨烟抽。

这是西雅图著名的农夫市场（Farmers Market），相当于我们的农贸市场，不过是室内的。这个农贸市场还是西雅图的一张名片呢，旅游指南书上说它赫然有名。听说里面的海鲜摊最著名。但正像导游说的，那里的海产品并非当地产，基本是从外地贩来的。我进去转了一圈，很大，购物、饮食、娱乐什么都有，但不如青岛的龙山地下商场干净。

都说美国的农产品便宜，东西普遍比加拿大便宜30%，但我看那些顾客瞅着海鲜摊那价格不菲的水产品也是一脸的犹豫。我们初来乍到更不摸底细，不敢贸然出手买东西，只能做"window shopping"。倒是一眼看到一个英文名字"Chinese doughnut"，觉得纳闷。"中国面团果子”是什么东西？仔细一看原来是炸油条。国内还没有人这样翻译油条的，细一想，其实油条就是“油炸面团果子”。

那天天有点冷，上到观光塔（Space Needle），因为风很大，只粗略看了西雅图全貌。

因人生地不熟，车上 GPS 又失灵，我们只好沿大街步行。这时已是中午，大人孩子都又累又饿又冷，便随便在路边一家快餐店打尖。里边没有几个人，冷冷清清的。等了好半天，每人才上了一份炸三文鱼条、薯条和一杯冰水。这炸鱼条加冰水进到胃里不知是啥味儿。这一顿饭使我充分认识到：中国人的胃很难适应外国人的饭，尽管炸三文鱼是当地的名吃。

所以到晚上，本来又要到当地一家有名的海鲜馆吃“砸螃蟹”（一种壳很硬、必须用锤子敲开吃的螃蟹），我表示不同意，心想那种东西八成又是有其名无其实，不吃也罢；更害怕再来一杯冰水，很想喝杯热水暖暖胃。凑巧瞥见旁边有家写着中国字“成吉思汗”的餐厅，进去一看，很洁净而且一个顾客都没有。我们一进去，一个长得很水灵的华人小姑娘就喊道：“中国人来了！”我们点了几个菜，都是地道的中国菜，而且啤酒那天打折，3 美元多一瓶的美国啤酒，因是“Happy Hour”只卖 1.5 美元。

吃饭间，小姑娘听说我们来自温哥华，打开话匣子，说她隔一段时间都要到温哥华的列支文去吃一顿，说那里的中国餐既丰富又好吃。西雅图华人不多，中国餐馆很少，这个来美国留学多年的南方小姑娘也念念不忘中国餐。看来中国人的胃就是要吃中国人的饭。你别说，第二天回来时到了一家赌场里的西餐厅，那里面的自助西餐倒是很有水平。既吸引了赌徒们来美食，同样也招揽了大量的过路客。除此之外，赌场附近的购物中心，东西也便宜。在温哥华 12 加元的童鞋，这里就 8 美元。这就是为什么 2011 年圣诞前夕的“Boxing week（圣诞礼品购买周）”，一天多达 12000 辆车开往美国抢购。

两天虽然仅能是走马观花，但给我们的印象是：西雅图 200 岁了，老了。白天听到“轻轨”车在高空隆隆驶过，柴油火车沿着那条“烟台北大街”轰轰徐徐挪动；晚上听见警车鸣着警笛阵阵飞驰，让人心惊肉跳。听说纽约也这样，而且更乱乎，那就不用去了。总之，西雅图之旅没有给我留下多少对美国的好印象。凑巧第二天又下大雨，想看点好地方也来不及了。就这样，我们草草结束了美国西海岸第一次旅行。

印象洛杉矶

3 月 2 日至 3 月 6 日又安排了一次去洛杉矶和旧金山的五日游。上次去西雅图一游后，印象颇差。那家不像样的旅馆、那脏乱旧的街道、那不对胃口的饮食……都勾不起再去美国其他地方的兴趣。再说，我已经去过美国东部的巴尔的摩和华盛顿，中部的新奥尔良，加上西部的西雅图，总觉就算已经游遍了美国。再加上很打怵长时间的飞行和出入境烦琐的手续和安检，从一开始就认为安排这次去洛杉矶和旧金山是多此一举，但既然已经付了费订了票，不去也得去。

然而，就是这多此一举之旅却收获颇丰，改变了我对美国的许多看法。

3月2日下午5时许，飞机飞临洛杉矶上空。看下面的“mountains”，和我们的山岭一样，高的山顶上还戴着白帽（snow-capped）；看那块块“fields”，也是我们“田”字形的耕地；看到的“lakes”，也是蓝蓝一池湖水，不一样的是那些“buildings”。但见下面一片密密麻麻的灰白色低矮平房，很少的高层建筑。当时心里不觉一凉，难道洛杉矶还不如西雅图？！这片灰蒙蒙的平房若摆到青岛市，两个青岛也放不下！如果要像青岛那样进行逐块搬迁改造，那可就费时费事费劲了！

飞机提前半个小时抵达了，接机导游还没到。等来了之后方知道，这趟飞机上就我们两人来自温哥华。要到明天一早临时拼团出游，这叫“邮政式”组团。

交了3美元的接机小费，把我们拉到了下榻的“双树旅馆”（Double Tree Hotel）。这家旅馆不错，别看不大，足可够得上国内的三星级宾馆了。

国外飞机上这种短途飞行是不提供餐盒的，只一人分了小小一包“Snack Mix”。几个“空嫂”（有的其实已经到了“空大娘”的水准了）推着车子从机首到机尾一趟，用了足有一个小时的时间。无非就是点水和饮料。坐在机尾的乘客还没喝完手中的东西，她们倒急不可待地拿着塑料袋来收空杯子了。想想中国民航空姐的魅力和服务的麻利，老外在这方面可就差远了！

所以，入住之后的第一件事是找地方吃饭。在国外旅游可不包吃饭。吃饭都要单独解决，知道为什么吗？各国游客都有，信仰不同，饮食习惯不一样，无法统一在一家餐厅解决吃饭问题。都要自己买自己想吃的东西。

离旅馆不远处，有一大商场。“美亚（American Asian）”旅行社的人介绍我们去商场里的饮食柜台去吃。商场很大，找了半天，总算找到一个有炒米饭、炒米粉及炒菜的柜台，尽管不是地道的中国味，却也凑合可吃。吃完饭要想去购点物，“那一半”非要去买双袜子，说她的袜子破了。偌大的商场要找到卖袜子的柜台，半个晚上过去了，明天一早7点半还要准时到大厅集合呢。

一早基本准时来车把我们运到“美亚”总部。“美亚”总部俨然就是华人聚居地，到处是汉字招牌。洛杉矶有多少华人，当地政府都没有确切数字，大约是40万。导游说。

从“美亚”总部我们被分流搭乘上当天要去的旅游车288号。车上50多人，多数是华人，还有印度人、伊朗人和2个日本姑娘，仅有一个白人，其妻是华人。难怪叫“American Asian（美国亚裔人）”。288车是去旧金山的，途中游览“丹麦城”和“赫氏古堡”。

8时多，车启动出发了。这时我才发现：从高空看到的灰白色平房，其实都是栋栋小洋房。虽然远不如温哥华的独栋别墅，也赶不上旧金山的洋房漂亮，但要在中国，则属于中高档社区房地产了。

童话般的丹麦城

丹麦城是这次旅游的第一个景点。丹麦城，顾名思义是丹麦殖民者在这里建的一个小城。一色的丹麦风格建筑把我们拉向了丹麦童话世界。

刚到时，还觉得3月份的春寒料峭，没想到这里已是春意盎然。

中午就在丹麦城这家餐厅用餐，饮食可口，还享受了一杯丹麦黑啤酒。在国外用餐，很多餐馆不提供酒精饮料。

迷人的“赫氏古堡”

在丹麦城用过午餐，便去了“赫斯特古堡(Hearst Castle)”。

赫斯特(1863—1951)据说当时很有望当选美国总统，但他却辞官不做，来到山顶修这座古堡。当时，正值富有的美国人竞相在乡间建富丽堂皇宫殿式别墅之际。他1870年就买下了这片地作为他全家的露营地。后来，他和他的5个儿子都继续这一传统，这座庄园便成了他们的主要府邸。他从1919年开始修这座古堡，共建了5栋楼房。古堡以西班牙语命名为“迷人山庄”，其各个建筑物也都以西班牙语命名。因为加州是200年前西班牙殖民者最早发现的，这就是为什么洛杉矶和旧金山的英文名字(Los Angeles, San Francisco)听起来和看起来都不像是英语的原因，它们都是西班牙人的名字。在修建过程中他经常入院治病；1957年他死后6年，又由于无钱为继，其后人只好将古堡奉送给当地州政府的公园与娱乐部管理。

古堡建得十分考究。

里面珍藏了他收集的艺术品。室内禁止用闪光灯拍照，怕损坏艺术品，但不用闪光灯怎么能拍下这豪华的装饰？我违规了两次，站在旁边的工作人员倒也没有阻止，只善意地对我笑了笑。

除了意大利风格，还采用了中国古典的雕梁画栋，看来中国古典早就在世界文化和艺术中占有重要之席。我看他收藏的艺术品中有不少中国瓷器。

山上种植了大量的珍花异草，在上山沿途也看到栽种了各种果树。

室内建有豪华的罗马式游泳池。

山上曾经圈养了100多种生猛野兽。在一个小放映厅中放映了一部纪录片，看到有狮子、鳄鱼等。1930年代经济大萧条时期，养不起

这些动物了，都分送给各地动物园，现在山上仅放养牛和马了。

从山上的观景台，可以尽情欣赏到四周各种美景。

从这个游泳池，你可以想象出，当初这里何等显赫！据说这里曾一度是政治活动中心，赫氏每年都邀请显贵们上山，凡是政要大员及各界名流无不来此一聚。

印象旧金山

带着对洛杉矶的美好印象，我们飞向了旧金山。

旧金山(San Francisco)，音译为“圣弗朗西斯科”。其实“San”这个英文与“圣”没有关系，而是个阴性词头，倒是华人将其音译成“三藩市”，很有语言天赋。旧金山是西班牙人建于1776年，1821年归墨西哥，1848年被美国据为己有。19世纪中叶在采金热中迅速崛起，华侨称其为“金山”，后来澳大利亚的墨尔本成为新金山，为了区别改称“旧金山”。

一到旧金山，就有三大印象。

第一印象是大。登上最高的山峰，放眼量也看不完旧金山，因为旧金山是环海湾发展起来的。这很像青岛，或者说，青岛是在学旧金山。但旧金山已经充分发展起来，海边、山坡、平地到处都是漂亮的独栋小洋楼。一

个人口 1400 多万的城市，都盖独栋屋，该有多大！

第二印象是富。旧金山的独栋屋比洛杉矶的要好得多。导游介绍说，全美国的房价旧金山最贵。如果纽约是均价 40 万，旧金山就要 68 万，而且还有富豪的豪宅区。更重要的是，旧金山房屋不但内部装修都很讲究，室内藏宝也颇多。全世界的淘宝者无不到旧金山来搜寻古董。导游说慈禧太后的亲笔“寿”字就珍藏在此地。是谁？人家当然不能说。

第三印象是险。旧金山 1906 年的大地震，全城 80% 的建筑物毁于一旦。看那里海边的房子几乎与海平面持平，一旦有海啸，后果不堪设想！就在我们去的那天清晨，就发生了一次 5.3 级地震。只要稍加注意就会看到，旧金山每栋房子外面都设有楼外逃生楼梯，可谓一大怪象。

唐人街的前世和今生

旧金山人口 1400 多万，其中白人只占 1/3，而华人 220 多万，是全美国 480 万华人的一半。所以，去旧金山不能不去唐人街。

旧金山唐人街是北美最早的。美国 1930 年代开始修公路和铁路，极缺劳工。有人建议从中国招收，先从上海招了 50 人，发现人虽然个子矮小却很能吃苦，便大批引进。路修好后，为了确保美国的安全，把中国劳工集中在一个地方居住，说是照顾，其实是监视。后来，亲戚朋友都来投靠，这个地方便成了华人区。直

到 1980 年代，来旧金山的移民基本都集中在唐人街。

1980 年代末这种格局才发生了改变。一是有些香港人和台湾军官纷纷移民美国，二是有部分留学生留下了。这些人都不愿住进唐人街，另在别处留足。后来这部分人纷纷与祖国开展贸易，开创了中美贸易的新局面。

所以，现在的唐人街不但不能再发展，反而日益萎缩，周边已被高高的大楼蚕食。

这是唐人街唯一的公园，还没有中国城市里一个小区的街心公园大。

金门大桥

旧金山有座金门大桥(Golden Gate Bridge),它是美国的一个标志性建筑。

这座大桥的长度仅为1英里。它之所以能成为标志性建筑,是因为它有三个世界之最:桥墩之间距离最宽、桥面距离水面最高(航空母舰都能通过)、桥下海水最深(150米)。

大桥建在从太平洋进旧金山湾的入海口处。该入海口是西班牙探险者的船只,在浓雾中随海流漂泊时偶然发现的。

大桥修建之前,横渡旧金山湾只能靠轮渡。没有人相信在2042米宽的海峡上能建大桥,因为这里潮大、涌急、水深、雾浓,无法进行施工。

修建大桥的想法早在1916年就有人提出,1917年正式命名为"Golden Gate Bridge";到1933年才正式开始兴建,1937年4月全部竣工,前后历经20多年。该大桥是以个人名义向银行筹款兴建,而非国家投资。整个

建筑过程中，都有中国劳工参入建设。

我曾经在编写航海专业英语时，遇到过旧金山湾引航的材料，对旧金山湾、金门大桥、航道没有直观认识，理解十分吃力。现在看到了现场才明白了为什么这里浪大、流急、雾浓。凡进港旧金山的船舶，一律要实行 24 小时强制引航。

远眺大桥蔚为壮观；上到大桥更感震撼。

乘船从桥下通过，则是另一番感觉，原来出了这个海口不远处就是太平洋，但船没进入太平洋就返航了。

好莱坞环球影视城

3 月 5 日，从旧金山返回洛杉矶。在沿着海边公路行车时，一个叫圣巴巴拉的地名引起我的注意。我猛然想起，1986 年我翻译中篇小说《冰柜里的尸首》曾碰到过这个名字。那是女主人公海伦与情夫纳什，为了骗取好莱坞著名制片人迪斯特 75 万美元的人寿保险金，合谋将自杀的迪斯特尸首，先是存放在冰柜里，后又制造在送往圣巴巴拉一家疗养院戒酒的途中被人绑架的假象。结果海伦被纳什捆绑时失手打死；纳什机关算尽，最终被保险公司侦查人员识破，人财两空。现在明白了，圣巴巴拉地处海滨，十分幽静，是理想的避暑疗养胜地。原来圣巴巴拉就在好莱坞附近。出国旅游圆了我好几个梦：在美国的密西西比河上航行时，流淌的水深里好像就有用航海术语 Mark Twain 做笔名的小说家马克·吐温的呼唤声；当我在英国莎士比亚故居前留影时，就想起当年很喜欢他的十四行诗……

晚6时许，仍然入住原先的“双树”旅馆。本想这次去那家商场用餐后好好购点物，谁知为买一件衬衣又磨去了大半时间和购物的兴趣，兜里的那点美元就这样省下了。

6日9时去了好莱坞环球影视城。因环球影视城9时30分才开城，只好先参观了那条星光大道，见到了颁发奥斯卡奖的领奖台。

在星光大道的小店里只顾买纪念衫了，没有时间看到像李小龙等国际中国影星的标记，只看到了吴宇森的。

9时30分进影视城时，门口已排起长队。

美国影视大片誉满全球，好莱坞环球影视城则是制作大本营，这恐怕是世界公民瞩目的地方。都说全世界有多少国家和民族，在美国就能看到多少国家和民族的人；全世界有多少种语言，在美国都能听到。到了好莱坞，你才感到这一说法真实不虚！原来这里不但是全球影星的荟萃中心，还是世界人种聚集的场合。开放的环球影视城是个世界万花筒！在这里，你不会有白色眼睛疲劳，也不会有黑色眼睛疲劳，各种肤色的人都有；在这里你不会感到出国到了某个国家，也分不清到了某个国家，你仿佛来到一个世界大家庭。所以，有机会来此一游真的不枉此行。而

好莱坞环球影视城正是抓住人们的这种心理，也精心编导了入城旅游的各项精彩大餐。

入好莱坞环球影视城游览的门票一般是 70 美元，也有 127 美元的季票或年票和 200 多美元的 VIP 特票。持票进了城，则可按照旅游指南任意随便游览，但你得看明白英语的电子屏幕，几点哪个场馆开始都一一打出。

第一次入城必然是眼花缭乱看不过来，幸亏同行的一位广州小伙子，他本人经常来美国，这次领着他母亲特地来旅游。看来他是轻车熟路，成了我们的导游。

首先应乘特制的旅游车，在城内环游一圈。乘上这种特制旅游车，不但会看遍全城的风貌，而且会使你恍然大悟那些大片是怎么制作出来的。

恐怖片在这个黑乎隆冬的隧道里拍的，里面恐龙的嘶叫声、打斗场面惊心动魄，连旅游车都跟着颠簸、摇动。

汽车失火、翻滚就是在一块不大的场地造出来的。人工遥控的汽车可以表演各种失控动作，甚至能翩翩起舞呢！下雨、洪水就更简单了，水龙头一开，雨点落下，继而洪水翻腾流进一个人造桥洞。

飞机失事的场面原来就在这100来平方米的地方炮制出来的。战争大片的道具也应有尽有。

影视城内各国风格的建筑物都有，我们看到的各种异国他乡电影，不一定都是外国场地的背景，一幢房子前就能拍出美国西部片或浪漫的法国爱情片，但我没看到中国格调的楼宇，也许下面这个亭子有点中国味道？

不知了解了这些内情后，人们还愿不愿意再看美国大片了?！美国大片就是在这里以“四两拨千斤”之力，赚取了全球数以亿计之利。

城内小动物的表演肯定能吸引孩子们的眼球，但不建议孩子以及有心脏病的老人去看魔鬼城。太恐怖了！

水上表演也很刺激，简直就像水上杂技。中国游客最好不要往前排坐。小心“海盗”们往你身上泼水，如果你不大声呼应他们的叫喊。

看完这些还去看了两部4D电影。你戴上眼镜坐在椅子上，台上的刀枪和动物的鼻子都可伸到你的面前，而且会溅你一身水。

看来选择游好莱坞环球影视城而不去拉斯维加斯和大峡谷是对的，因为在这里游一天既不劳累又能充分享受欢愉，而且真要带着孩子来游，一天的时间也玩不腻，还有很多节目我们都来不及看，下午5时许来车接我们回去。我还有点恋恋不舍地离开影视城。临走前，我在黄昏下又抢拍了几张照片，影视城真美！

5天的旅游结束。晚上乘机飞回了温哥华。还是那样的司乘人员，还是那种服务！

印象夏威夷

2013年春节与女儿一家又去夏威夷一游。来回12天，游了夏威夷3个岛，租辆汽车绕岛转悠。游夏威夷岛，租车很方便，下了飞机就可以租，旅游完了临上飞机前换。一辆7座位的汽车一天80美元。这不仅方便，比参加旅游团还便宜。

对这次旅游，外甥孙女回来后曾深有感触地写过一篇作文，不妨在此借用。

我眼中的夏威夷

随着一条白线划过太平洋上几个岛屿的上空，我来到了仿佛是撒落在太平洋中的珍珠一般的夏威夷的首府火奴鲁鲁。下了飞机后我们又换了一班小飞机前往了群岛中最大的岛——大岛。

从飞机场出来这里并没有想象中那么炎热，温度适中，像春天一样，还有丝清凉夹在空气中。从机场上出来，一路上并没有看到想象中金色的沙滩。但也不足为奇，这是众岛中最年轻的一座岛，而且又是火山岛。道路两旁生长的榕树，伸长的树枝，巨大无比的树冠跟一片碧云差不多少。在旅馆休息了一夜，第二天便驱车驶往令我神往已久的火山公园去了。

一路上苍翠的树木遮住了大部分的阳光，颇有一种"遮天蔽日"的感觉。进入火山公园没多久就到了活火山观察台。站在观察台上，一望无际的黑色熔岩与稀稀疏疏的被火山烧毁的枯树中间有一个大坑，那就是火山口了吧。远眺火山口边泛着点点红光，滚滚黑烟不停地向青天奔去，到了青天像中了魔法似得变灰，再变白最后变成无色，融入蓝天中。滚滚的黑烟丝毫没有影响到天空的纯净，天空仍是一碧如洗。一阵雨飘下，我离开了火山口来到了黑沙滩。一路上一望无边的草地上伴着朵朵淡紫色的树。远眺，在这美景和海的交界处，有一圈黑色的海岸线，黑色在这时不知为何显得格外温馨。下了车走在黑沙滩上，黑色的沙砾吸收了一天的阳光暖暖的。在海浪冲刷的地方有两只大海龟在悠闲地晒着太阳，不时还微微睁开那双宝石般的眼睛，看着这心旷神怡的景色。

如果说大岛是人类工艺的杰作，那么毛伊岛就是大自然的鬼斧神工。在去HANA之路途中下车，穿过一条小路，在热带雨林后看到了AKAKA大瀑布。这瀑布声震如虹，激流自上向下冲荡着，更有"疑似银河落九天"的气势，若李白看到此景又要如何感慨呢？在离去的路上，鸟啼声、瀑布的冲击声与风摇曳树叶的声音汇成了森林交响曲，好像让我跌入了爱丽丝的仙境一般，随处可见蜂鸟在采蜜、蝴蝶在飞舞。虽然大岛的海不比毛伊岛的海逊色，但毛伊的海中更有令人难忘的事物——观鲸鱼。乘坐观鲸船离着海岸线越来越远，一滚白浪掀起一对母子鲸正向我招手，又不时喷出一水柱，尾巴也露出来了溅起阵阵水花。左边是成群的海豚在水底竞游，海水清澈得可以直接看到几十米下的海豚，一只海豚从水里跳出摇摇尾巴又落入水中。这种生态环境不可多得，正可谓人与自然的和谐发展。

夏威夷你带给我的远超于这陶醉人心的景色，而是一种人与自然的和谐极致，最美丽的并不是景色，而是由原始生态而带给人心底的纯净。

她这篇作文得了全班最高分。获得老师如下的评语：美景、自然陶醉人心。本文语言是亮点，景物描写恰到好处，写景、抒情、议论多种表达方式综合使用得浑然天成，是很难得的。

第一个岛上主要看奇劳威亚火山，中心是一座不停爆发的火山，到处在冒热气，气热得烫人，到处是裂缝，真的很吓人。

见到一种叫“Silver sword”的独特植物，顽强地生长在干燥的火山岩，开完花就枯萎了。

岛上的海滩是黑色的，黑沙滩经常有大海龟潮上来，那天我们见了三只。

仔细看照片中的墙是什么堆积的，就地取材，都是火山岩。

大年除夕那天是在这家号称“美国最南端的饭馆（the southernmost restaurant in the USA）”吃的饭。原来美国有两个“最南端”，大陆的最南端—key west—the southernmost point 在迈阿密，离古巴只有 90 英里；海上领土的最南端就在这里。

因那天适逢女儿的生日，还现做了生日蛋糕。

还到海上观看了鲸鱼和海豚(whale watching and dolphin watching)。

国外加油站都是自助的，初来乍到不一定玩得转。看我们正在犹豫，过来一位当地人热心相助。我一问，惊喜得知，这位波利尼西亚后裔原来是中国人的女婿。他胳膊上刺有“兔”和“猪”两个汉字。他娶了个 wife 是中国人，属兔，生了个女儿，属猪。见了妻子的同胞，自有几分亲昵。

第二个岛子，毛伊岛还不错，风和日丽，风景迷人。

正像外甥女描述的：毛伊岛就是大自然的鬼斧神工。大海清澈见底，蓝天白云飘浮，瀑布气势如虹，雨林遮天蔽日。

第三个火奴鲁鲁(也叫檀香山)上主要是看了珍珠港和张学良墓。

被 1760 磅重的炸弹击中而沉没的主力战舰“亚利桑那”号,舰上 1177 名将士葬身海底。

我们照相的这个纪念馆底下就是被日本偷袭时击沉的“亚利桑那”号军舰的船舯部分,中间照片是原军舰的烟囱残余。随舰沉没的 1177 名官兵未被打捞上来。

到陵园打听张学良墓，只需问中国将军之墓（tomb to the Chinese general）。花 6 美元买了束鲜花，在张学良墓上献上，默哀了片刻，表示了我们对他莫大的尊敬。张学良与其西安事变在中国历史上彪炳千秋、永垂史册！

他就永眠于这块叫“Valley of the Temples”的风水宝地。

这次旅游期间，全家6人租一间旅馆公寓住着，自己还可以做饭吃。

从夏威夷飞往仁川的11个小时的飞行中，与一个美国女士并肩而坐。女士上机时的行李箱是我做了一次绅士，帮她放进了行李架。用餐时，我的那管番茄酱怎么也打不开。这时那位女士拿着管盖向我演示:“This way.”我方明白，要用管盖另一头刺开那层锡纸。

这一小小举动不由令我再一次感叹道:真是彻底“out”了。类似的例子多着呢。

到了一个叫FAD EX的购物区，咱看得眼花缭乱，人家年轻人立即知道哪家店铺是卖何种名牌的。说这里的名牌不但没假的，价钱也只有国内的一半。因为穿过儿子一双名牌鞋子，那穿起来就叫舒服。这次我便狠狠心买了3双回来。就因自己“out”了，外甥女一看，三双都不是名牌的！

2012年冬天兴穿“凡客”面包服，网上购买特便宜。咱不会网购，

腊月二十七去赶李村集，在集上买了一件面包服。价格不贵，觉得样式也胜过凡客服，于是洋洋得意地自我解嘲说：咱不买贵的，但求买对的。

最“out”莫过于玩手机。现在孩子们都会玩手机游戏，我却只会玩电脑上一种“空当接龙”扑克。苹果手机玩不转，给了我个联想的还是外甥和孙子教会的。不过看到她们出来旅游到了国外不看景色却一门心思低头玩手机，倒又想不通：这花了钱出来干什么？

麻烦的安检

这次旅游光往返乘机、转机的安检就6次：青岛—仁川—夏威夷；夏威夷—仁川—北京—青岛。在夏威夷三岛又三次乘机，三次安检。每次要举手扫描、拍照、按手印、脱鞋、解腰带等。你必须十分小心，口袋中不能有硬币类金属物品，背包中的手提电脑要拿出来单独检查。不可携带肉类、植物类食品。这次为了一瓶没喝完的水打了半天麻烦；为了2个苹果非要罚款300美元（说了半天才没收了事）。“9•11”后，全世界跟着美国沾了光，安检都越来越严格复杂。就凭这一点，我真打怵出国旅游了。

旅游文化

夏威夷旅游图上标有绿色、红色和黄色三种颜色线路的旅游：绿色线路是观光景点；红色线路是美食餐饮点；黄色线路是各大购物商场。由此看出，所谓旅游一般包括观光、美食、购物，但文化也不能缺失，而且应该是条主线。

去夏威夷旅游，是观其独特的异国情调热带自然景观，从寒冷的冬季赶去享受温暖的阳光和迷人的海滩。听一个华裔女孩说，她光在毛伊岛上就计划待20天；看那些老外们，竞相躺在躺椅上晒日光浴。而大部分中国游客都是走马观花式：看景、照相、走人。这恐怕就是旅游文化的不同。

美食文化自不必说。春节中国人为什么吃饺子。饺子的“饺”与“交”谐音，“子”指“子时”，即正月初一伊始，所以春节除夕晚上的饺子都是子夜12点吃（现在农村还是半夜放鞭炮吃饺子）。饺子外形像元宝，有“招财进宝”的象征；饺子内馅包有各种吉祥喜气的东西，寄托人们对新一年美好的期盼。这就如同美国人吃火鸡加绿色菜叶，象征挣好多绿色美元；西班牙人子夜前吃12粒葡萄，象征12个月吉祥；新加坡人吃炸年糕加红糖，象征日子红火。

而我们到了夏威夷，吃的却是越南面条和米粉，只在一家海边大排档吃了顿当地饭（local food）。当然，我觉得当地饭好不过中国饭。那热狗如同嚼蜡，三明治难以下咽。

在火奴鲁鲁，波利尼西亚文化中心（Polynesian Cultural Center）代表了夏威夷浓郁的民族风情，但我们没去。说进去的门票每人300美元，可尽情享受一天的传统民族文化。

夏威夷英语

看到下面这些英语禁不住好奇就随手拍了。

在树叶上留言的英语

致谢英语

对 Close 和 secure 用法的最好解释

Ah you hungry？又一美造英语。

这上面既有饭店名，又有广告词：

Proudly welcome you to the southernmost restaurant in the USA!

在花瓶上书写饭店英语 ISLAND CHEF

标准英语是：You have to try!

夏威夷这座古代王宫叫“Iolani Palace（依拉奥尼或约拉尼皇宫）”，建于夏威夷王国时代，是美国唯一的皇宫，但门口用的是“hale”这个词。问了一位美国女士，回答是：“Hawaiian English（夏威夷英语）。”

夏威夷的海滩

都说夏威夷的海滩是世界上最好的，来了一看我觉得，不用与中国三亚的海滩相比，即使与我们山东地的一些沙滩比较，也不在伯仲之间。

听说李肇中曾把日照的沙滩比作夏威夷的海滩，而且比其还大得多。

要说我们自感不如，就是下面这种独具夏威夷特色的风景海岸。

这是山东乳山的银滩（资料图） ↓

还有那蓝天白云，我们只能望而兴叹。

而下面这种少儿莫入的海滩，我们则更是望尘莫及！

柒 俄罗斯北欧一行

本来信誓旦旦地表示再也不去国外旅游了，但这次是摄影旅游团组织的去俄罗斯和北欧一行，不禁又动了心。都说北欧风光绮丽值得一去，我去俄罗斯却为了却内心那份“苏联情结”。

我们这个岁数的人都有一个挥之不去的“苏联情结”。这是因为20世纪50年代全面学习苏联时，学校教育仿效的都是苏联那一套，计分五分制，连衣着都流行：女生穿布拉吉，男生穿花衬衣；60年代初，即使与前苏联反了目，《莫斯科郊外的晚上》《喀秋莎》等仍是大学里极为流行的校园歌曲，而且《钢铁是怎样炼成的》几乎成了那个年代爱国青年必读的宝书，保尔·柯察金的英雄形象成了那个时代的中国最有影响力的文学形象，其不屈的精神深深激励了那时的年青一代，他那句名言：“人的一生应当这样度过：当回忆往事的时候，他不会因为虚度年华而悔恨，也不会因为碌碌无为而羞愧；在临死的时候，他能够说：我的整个生命和全部精力都已经献给了世界上最壮丽的事业——为人类解放而斗争”也几乎成了那时年轻人的座右铭，影响了无数人。

涅瓦河上的“苏联情结”

果然不虚此行！第一程抵达圣彼得堡的当晚，就在涅瓦河的游船上便上演了一幕浓郁的“苏联风情”。

演出以一曲手风琴伴奏《莫斯科郊外的晚上》闪亮开场，立即煽起全船团友的应声随唱，中国人有几人不会这支脍炙人口的歌曲，连我这个音乐盲都跟着哼哼起来。在一片欢唱的热烈气氛中，穿红裙子姑娘走到我跟前，猛地在我脸上献上三个热吻，留下红红的唇印，更引起一阵欢动。曲一终，俄罗斯姑娘又纷纷下来互动迈起了欢快的舞步，那气氛顿时弥漫了两国人的厚谊深情。这时刻，我忘却了十几个小时乘机的疲惫，只沉浸在“苏联情结”的极大满足中。

老伴用“莱卡”抓拍的这几张照片，获女儿的赞评：“跟摄影团学拍照，技术见长了。”

接下来乘船边饮伏特加边赏涅瓦河，见到了河中那艘闻名于世的“阿芙乐尔号”巡洋舰（Aurora Cruiser）。这艘意为“黎明”或“曙光”的巡洋舰，因鸣响炮打冬宫第一炮开启了苏联十月革命而载入史册。“阿芙乐尔号”在苏联卫国战争时曾自沉于港湾；修复后便永久停泊在涅瓦河作了供人观瞻的纪念物。就在我们8月底看到它之后不久，2014年9月21日，117岁的“阿芙乐尔号”便被拖往海军造船厂去进行维修。据称是为2017年的十月革命100周年庆典做准备。

俄罗斯昔日的辉煌

翌日，参观圣彼得堡市容，使我们看到了俄罗斯昔日的辉煌。

圣彼得堡这座由俄国沙皇彼得一世1703年建造的城市，苏联时期改为列宁格勒，苏联解体后又恢复其旧名。有趣的是，欧洲地名文字都很单一，唯有圣彼得堡（St. Petersburg）却出自三种语言的词源：圣（St. 即“Saint”之缩略）——源自拉丁文，意为“圣人、圣者”；彼得（Peters）——耶稣弟子圣徒之名，源自希腊语，是“石头”的意思；堡（burg）——就是德语中的“城市”。

圣彼得堡这座名城不但在历史上做过俄罗斯200多年的首都，就是现在也有“俄罗斯北方首都”之称。它是俄罗斯的政治心脏，还是科学文化城，诸多像罗蒙诺索夫、门捷列夫、普希金、果戈理、高尔基等著名科学家、诗人、作家都在这里生活和工作过。

到圣彼得堡首先观瞻彼得大帝骑像。在乌云密布天空的衬托下，彼得大帝显得更为霸气！

圣彼得堡也是一座英雄城市。1917年的二月革命和十月革命均在这里爆发。二战期间，这座城市被德国法西斯军队围困900天，寒冷和饥饿夺走了几十万人的生命。但英雄的圣彼得堡人民硬是靠自己的勇气和意志守护着自己的城市，直至取得了反围困的胜利，卫国战争后被授予“英雄城”荣誉称号，圣彼得堡人的精神也成了俄罗斯民族精神的象征。

圣彼得堡始于涅瓦河口的这个彼得保罗要塞。该要塞是为防御瑞典人的进攻，将波罗的海出海口纳入俄罗斯版图。之后渐渐从要塞开始扩建为城。建造这座城付出了巨大的代价：彼得大帝调集了约十万名工匠，动用了全国所有的石头当地基，而不惜禁止其他任何地方用石头盖房。

旅游中仔细倾听导游解说很重要，光走马观花就如同雾里看花，万里行，也不会“涨姿势”。听导游介绍说：彼得一世去过欧洲留学，回国后一心想将俄罗斯融入欧洲。于是他创办了大学，建起了展览馆，引进了欧洲几乎所有先进实物供国人参观学习。这样，俄国才摆脱了落后，步入欧洲强国之列。俄国自此被奉为俄罗斯帝国，而彼得一世被尊为彼得大帝。

接着参观了冬宫（Winter Palace）博物馆。在博物馆里走一遭，更见证了俄罗斯昔日的辉煌。

冬宫博物馆与巴黎卢浮宫、伦敦大英博物馆、纽约大都会博物馆并称世界四大博物馆。博物馆太大，根本不可能都详细看，只看了彼得大帝的女儿伊丽莎白的卧室、浴室等。印象深刻的一点是，那位伊丽莎白女王在位 11 年，买了 10000 套服装，是世上最爱美的女人。

冬宫（Winter Palace）原为俄国沙皇的皇宫。

宫内高大的大理石柱、巨型的吊灯、精美的壁饰、花园式屋顶，显得豪华气派、金碧辉煌。

宫内珍藏丰富，这些都是用赤金宝石打造的。

↓ （资料照片）

这大彩瓶可是用了2吨多孔雀石拼制而成的。

这地板用9种名贵木材拼成16种颜色。

圣彼得堡有着灿烂辉煌的过去，但愿圣彼得堡不会只是往日黄花，只能披着过去的盛装供人拍照观赏！

芬兰——立国晚却古老的国度

8月28日乘大巴从圣彼得堡去芬兰的赫尔辛基，开始了北欧四国的首个旅程。谁知一路上阵雨不断，好像飘来片云彩就带雨。这北欧的天气这么变幻莫测，阴晴无常！

大巴车首先来到一个小镇的教堂，介绍说这是芬兰最古老的教堂。

教堂外1918年立的这支碑告诉我们：芬兰共和国（Republic of Finland）于1917年才立国。芬兰最早的居民建立了芬兰大公国后，先是12世纪后半期被瑞典统治，后又在1809年俄瑞战争后并入俄罗斯帝国。1917年12月芬兰才宣布独立。这么个小国能从俄罗斯和瑞典的夹缝中挣脱，肯定也历尽苦难和折磨。

不要以为"Finland"就是"Fine land（芬芳的国土）"，芬兰语却是"湖沼之国"之意。

导游不说我还不知道，诺基亚手机就是芬兰的品牌。我用过一个，很不错，可惜乘车时丢了。更令人可惜的是，这个品牌现在已经彻底“Out”了，不但“Out of fashion”，而且“ Out of date”（既过时又过气）。

小镇不但有古老的教堂，还有古老的大炮、红砖房和古董店。

仔细看才发现：原来这个小镇从1334年到2014年已经有680岁了。

在波尔沃小镇拍红屋

从圣彼得堡往芬兰赫尔辛基途中临时增加了一个自费景点——波尔沃小镇，说是专门为去拍红屋的。既然是个旅游景点，为什么还要自费呢？原来景点是顺路但要偏一点路程。北欧司机的工作时数是有严格规定且严密监控的，超过的时数就要有超时的付费。导游如是说。为照顾大局，大家还是自掏了腰包，尽管个别人不是很情愿。这样我就第一次有机会跟专家学拍景了。老伴用“莱卡”和我用单反拍出的效果就是不一样：

看来这个自费项目还是物有所值。

都说芬兰首都赫尔辛基是“波罗的海明珠”，是一座花园般都市，但没给我留下这样的印记。冷飕飕的风，阴沉沉的天，照相也不敢脱下面包服。

倒是在郊外见到了这样的情景：

一伙“国际学生语言互学”的年轻人在“英语角”进行英语口语交流。看来，说芬兰语的人学英语也有点困难，也得多练，不过不会像中国人这么纠结吧。

一群男女青年在用纸板箱做游戏。她们并着双脚从破纸箱蹦进蹦出。中国人刚刚开始走出去成为世界公民，还不大习惯在外做外国人。几个女同胞好奇地在旁边看了老半天也不明白人家在做何游戏。有人让我前去问问。我说："在这里咱就是老外了，一个老老外去打探人家年轻人的浪漫，那不是更老外了？"

不过，看她们那种悠然自得的样子倒也令人羡慕。可那天不是周末，她们为什么不上班或不上学？难道芬兰人人均达到 2.75 万欧元就可这样享受生活？

在赫尔辛基只做了短暂停留便赶往芬兰的另一座城市图尔

库。图尔库是芬兰的旧都，也是芬兰最古老的城市。在那里我们参观了著名的图尔库古城堡。

据说这是世界上最大的海上堡垒，但从未在战争中派上用场，只做过关押牢犯的地牢。

看到这个海口，我们方恍然大悟，这座堡垒就扼守波罗的海入口处，而且这个海口的宽度几乎只能容一艘大船通过，大有“一炮把住，万舰莫入”之势。

瑞典——诺贝尔的故乡

我们下午五时许从芬兰图尔库乘轮渡抵达瑞典首都斯德哥尔摩。

一提瑞典，我们首先想到诺贝尔奖。莫言获诺贝尔文学奖，就是到这里来领的奖。所以一到斯德哥尔摩，我们直奔诺贝尔奖本部。

诺贝尔(Nobel) 1833 年生于斯德哥尔摩，是著名的化学家，一生致力于硝酸甘油炸药的研究。诺贝尔一生未婚，1896 年 12 月 10 日逝世后，将其 920 万美元的遗产作为基金，以其利息分设物理、化学、生理或医学、文学及和平 5 种奖金，授予世界各国在这些领域对人类作出重大贡献的学者。1900 年 6 月瑞典政府批准成立诺贝尔基金会。

瑞典(Sweden)的意思是“安宁的王国”，又有“森林王国”“湖泊王国”“欧洲锯木场”“北欧雪国”“禁酒王国”的别称。

那幢红色的小楼见证了瑞典独立的历史：当年曾有 80 多个贵族被诱杀在此，瑞典才揭竿而起反抗丹麦人的统治最终独立出来。

由于瑞典近代在国际上基本一直保持中立，实行的资本主义制度也不同于美国的，所以经济发展稳定，福利制度完善，全国人口 900 多万，人民享有“从摇篮到坟墓”保障的“高工资、高税收、高福利”生活待遇。

我感觉，斯德哥尔摩这座城市蛮漂亮的。

来北欧旅游，到了一个首都安排参观其市政厅、皇宫或皇家公园。这些场所一般都全年对公众开放。

给我留下的印象挺深的是斯德哥尔摩皇后岛宫殿的这栋黄色楼。这可是瑞典皇室的居所，游人却可随便在这拍照游玩。

这座已被列为联合国教科文组织世界遗产的瑞典18世纪皇家宫殿，不但有引人入胜的花园，听说里面还有中国宫殿和宫廷剧院等中国元素。

其中一个中国元素是这座很不起眼的厕所。

在皇后宫花园，导游引导我们来到一座厕所，说当年康有为曾在这里住过三年，上过这个厕所，还说孙中山也曾来过瑞典政治避难。看来中瑞间的友谊源远流长。

在皇后宫，老伴碰巧拍到皇家卫队换岗时的风采。

你甚至可以与皇家卫兵合影留念，但注意：可别去碰卫兵的枪，站位要在卫士持枪的另一边。

瑞典不愧为诺贝尔的故乡，工业科技十分发达。我们来到北欧后就立马换乘上舒适的瑞典沃尔沃大客车。我曾经购买过一台伊莱克斯立式空调，就是因为听厂家说是瑞典名牌。谁知它制冷能力很强，制热却不给力。询问专家才知道：那是在杭州的工厂出品的，专供南方而不适宜在北方使用。现在大家都知道“爱立信”，20 世纪 90 年代青岛某单位想与爱立信合作来找我翻译有关英文资料。说来遗憾，很可能嫌我翻译得很不专业，合作泡了汤。我那时哪知道爱立信是干什么的？现如今时尚家庭无不置办件宜家家俬摆家里。瑞典这家创办于 1943 年的“宜家”，是世界最大家居供应商。宜家之所以能做出世界知名品牌家居，与瑞典森林资源丰富、林业发达不无关系。瑞典的木材产量和出口量均居世界第一。另外，据说其每年印制达 1 亿册的商品目录的印刷量也是除了《圣经》之外任何其他书籍所不能企及的。

挪威——北欧的后起之秀

挪威的英文是“Norway”，是从日耳曼语的“Norre（北）”和“weg（路）”演变而来，意指来往斯堪的纳维亚半岛航道的“北方航道”或“北方之路”。英文将其拼写为“Norway”，汉语音译为“挪威”。

瑞典和挪威的国界就这一花丛之隔，大巴一过这条花丛就进入挪威了。申根区共同边境嘛，但挪威却不是欧盟成员。知道为什么吗？

挪威20世纪80年代前国家还很穷，不符合加入欧盟的条件，就是说：人家欧盟那时不要它。之后在北海发现了油田，挪威才渐渐富起来；到90年代就富得流油，成了暴发户；21世纪人均已达8万多美元，位居世界第三，仅次于卡塔尔和卢森堡。

这时候欧盟请它加入它却不入了，只进了个北约组织，与美国套近乎。所以，欧元在北欧只有在挪威不管用，得用它本国的克朗。

在摄影家的镜头里好像一切都是美丽的，总能捕捉到一些漂亮的画面。

而我却拍了下面几个镜头：

大铁锚和海盗船

在奥斯陆街头，我注意到这支远古大铁锚，不禁遥想起被称为“维京（Viking）”的古老斯堪的纳维亚海盗。所谓“Viking”，简单地说，就是指挪威、丹麦、瑞典北欧海盗，委婉地说，是“先旅行，看好了就抢劫”。那是发生在8世纪至11世纪那个时代荒蛮、人文凋敝、各恃武力、争抢版图的年月，西欧称其为北欧“海盗岁月”。他们对英国及欧洲国家大肆进行海上贸易与抢劫商船活动。海盗们自称是“Vikings”，而我们汉语将其音译为“维京”，也是给海盗以面子。

果然就在海盗博物馆里，看见了这艘据称是建于公元9世纪、从奥斯陆峡湾地区维京人墓穴中发现的、属世界上保护得最好的、最为壮观的木制海盗船！

隧道和公路

从奥斯陆去松恩峡湾的路上，大巴车穿越一条号称世界第一长的隧道。

这条长20公里、号称世界第一长的隧道，有很长一段的隧道壁根本就没进行任何处理，石壁上的岩石龇牙咧嘴，看上去说不定什么时候就掉下巨石。这样的隧道若在中国谁敢过，不早就有人吐槽了？可人家国家，大车小车尽管大胆往前跑！

这隧道即使将原来的7个小时的盘山路缩至仅半个小时的车程，但心中产生的莫名恐惧感到现在也挥之不去。有钱就办有钱的事嘛，可别钱袋子鼓鼓却办出无钱之举。

再看这路，坑车吧！在北欧国家，就没见过六车道、八车道的路，四车道的路就算宽的了。还曾见过一段很长的三车道所谓高速路呢。它是忽而左二右一，忽而右二左一。一车道时所有车辆只能鱼贯而行，要超车只能耐着性子等到变为二车道时，但即使这样，也没见车堵。

于是我想：怪不得人家的福利大大的！人家国家小，人口少，根本用不着像我们国家修那么多那么宽的路。修路可需要花大钱，把这笔修路的大钱省下来搞福利，福利能不高？

同理，挖通隧道能通车就行，为何把大把银子花在石壁子上？

北极熊皮与中国人

所谓游峡湾，导游将其比喻为直角形，就是：乘车上山观峡，乘船沿水赏湾。乘车上山观峡，就在这弗洛姆小镇上火车。说这小火车十分准点，连午饭都发了个食品袋子在车站凑付。

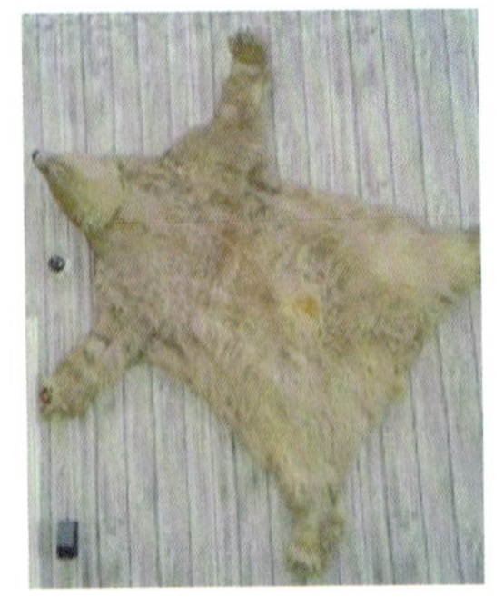

见到处有北极熊塑像才知道，弗洛姆小镇也是北极熊之乡，附近山上真的放养有北极熊。

在弗洛姆的一家商店的墙上拍到这张北极熊皮。导游说，挪威一年只允许捕杀 10 只北极熊，而其中 7 张毛皮是让中国人买走了。听了吓我一跳，一张北极熊皮肯定价格不菲，中国人什么时候这么有名气啦？！

优美与自杀

又听说北欧人自杀率相当高，也将信将疑。这么优美的环境，这么浪漫的生活，这么虔诚的信仰，这么高的福利待遇，怎么会自杀率很高呢？！说是因人烟稀少寂寞、天气寒冷难耐、阳光不充足抑郁。挪威的确人口稀少，总共不到 500 万人，和青岛市的人口差不多。可听说挪威并不欢迎技

优美的环境

浪漫的生活

虔诚的信仰

术移民，那里的中国移民总共才 3000 人，瑞典还有 50000 人呢。

诺贝尔和平奖

参观奥斯陆市容时，导游指着一栋双塔市政厅介绍说：这是诺贝尔和平奖的颁奖地，每年的和平奖颁奖仪式就在这市政厅里举行。我也纳闷了：诺贝尔就五个奖项，为什么偏偏和平奖这一项在挪威而不在诺贝尔奖的发祥地——瑞典的斯德哥尔摩颁发呢？！怪不得这个奖项经常引发一些争议。

来北欧的最大期望值就是看挪威的峡湾。结果呢，要乘车上山观峡，还要自掏 80 欧元。而 80 欧元坐这趟火车，也就看到 2 个人扮的红衣女妖伴着音乐反复出现在半山腰的瀑布间。不过，只要你不把欧元换算成人民币 650 元，也算值了。在我们国内旅游坐这样一趟火车也不止 80 元吧。

俗话说得好:耳听是虚,眼见是实。都说峡湾是仙境,还说挪威的峡湾兼具中国三峡和九寨沟之美,这有点言过其实。乘船看到的这个湾,哪比得上新疆的喀纳斯!看到的海鸥飞翔,还不比青岛栈桥海滩上的多。依我看:那山也不如家乡的青岛崂山。

也许是“仁者见仁智者见智”。就说奥斯陆维尔兰雕像公园吧,这个占地巨大的公园满园都是赤裸裸的丰体雕像,人家当地男女老少都神态自若地在里面悠闲,中国人进去就觉得不大自然,好像是大开眼界了。

导游问一中国小孩是谁创作的这些裸体雕像,回答是:流氓!

满园都是裸体雕像 ↓

↓ 占地巨大的裸体雕像公园

中国大人都不明白搞那么多裸体雕塑的意思是什么，小孩子就更欣赏不了这门艺术了。这可是经过40年的精心设计和雕琢才成的。

公园里这个“愤怒的小孩”应该还是颇受游人青睐，那只小手被摸得锃亮。他和里面的“生命之柱”及“生命之泉”是最著名的。

丹麦，不光有美人鱼

人人都知道丹麦有个小美人鱼，更知道童话大师安徒生。所以到了丹麦，无论如何也要先看小美人鱼。小美人鱼被视为丹麦的国宝和象征，塑造小美人鱼的童话故事《海的女儿》及其作者安徒生更属世界级人物。

小美人鱼（Little Mermaid）铜像原本被安置在岸边的礁石上，后来因屡遭不法之徒的破坏甚至切割，2006年3月哥本哈根市政府才决定将其搬迁至深海处。

安徒生（Hans Christian Andersen，1805—1875）出身贫贱，一生未婚，几乎游遍世界，写了很多游记。这位世界级童话大师一生共写了160多篇童话和故事。

安徒生童话想象丰富、思想深刻，语言生动充满诗意，故事情节引人入胜，充分反映了丹麦下层人民的日常生活和浓郁的乡土气息。

安徒生童话被译成80多种语言，许多故事如《丑小鸭》《白雪公主》《皇帝的新衣》《卖火柴的小女孩》等为全世界所家喻户晓。

不过，由于很多翻译作品并非译自丹麦原文，而是从英文或其他语种译过来的，所以安徒生童话故事有不同的版本。我国最权威的版本是翻译家叶君健直接从丹麦文翻译的译本。叶因毕生从事安徒生著作的翻译，并将其作品全部翻成了中文而荣获丹麦女王玛格丽特二世颁发的丹麦国旗勋章。

但可能不为大家所知的是，丹麦还有四头神牛雕像。

传说丹麦这个国家是由这四头神牛挖土在波罗的海填出来的。过去真没有这个知识，所以就不知道。

丹麦的英文“Denmark”在古高德语中就是“沙滩之国”，“Den”为“沙滩”，“mark”就是“土地、国家”。

别看丹麦本土面积仅为43080平方公里，人口也就500万出头，头

上却有好几顶耀眼的桂冠：被联合国认定的世界发达国家、典型的福利国家、贫富差距极小的国家、腐败指数最低的国家、全球最幸福的国家。

而且历史上，丹麦曾长期在北欧处于统治地位。直到1520年在瑞典斯德哥尔摩小红楼诱杀80多瑞典贵族，触发瑞典人奋起反抗，1523年丹麦战败，瑞典才脱离出去。

但直到今天，瑞典和挪威的贸易出口仍多经丹麦。

还有个颇具政治寓意的雕像是“大女人小男人”。很清楚，它寓意：丹麦是个女权主义国家。丹麦王国是世界上最古老的君主国，它的现任国王是玛格丽特二世女王。曾经的玛格丽特一世女王统治时期（1353—1412）正是丹麦统治北欧的鼎盛时期。

不但国家之主是女王，家庭里也男主内女主外。

在丹麦像这位甘心自己在家看孩子而让夫人在外上班的老兄大有人在。

首都哥本哈根（Copenhagen）既是丹麦的首都，也是最大城市及最大港口，属北欧名城，被称为最具童话色彩的城市。

哥本哈根也极具其名称意味“商人的港口”迷人的魅力。

9月3日黄昏，乘船目送着日落，我们告别了北欧最后一国——丹麦。

只待了三个小时的德国

经两次乘船和一次7个小时的乘车才从哥本哈根抵达德国首都柏林。

在柏林尽管只待了三个小时，却是一趟时空的穿越，几乎回到了当年“热战”和“冷战”的现场。

这门口摆放着两尊满目疮痍的雕像，使人不禁想起德国那不堪回首的过去。这一定在向其后人警示着什么！

这条大街仍摆放着当年碾压过东德人的坦克。想必马路上还有流淌过的血迹。

如果说中国人对一战和二战留下的是挥之不去的民族耻辱，而德国人则是为这两次杀戮的民族忏悔！

这幢帝国大厦见证了德国

历史的兴衰。站在它前面，就不禁默默凝眉深思那不堪回首的往事。

这堵倒塌的柏林墙像一道难以抹去的伤疤，是德国人“20 世纪耻辱”。

这些残忍被害的犹太人墓把德国人永远钉在历史的忏悔架上！

所幸德国人走了过来。1970 年，当时的西德总理勃兰特在波兰犹太人纪念碑前突然一跪代表了日耳曼民族诚心的忏悔，赢得世界的谅解，不像有些日本政客到现在还死不悔悟！

我见到，这座曾因柏林墙的竖立而几十年无人通过的勃兰登堡门，正在修整一新，任人出进。

莫斯科一天

9月4日从德国柏林经2个多小时的飞行，闪电般直扑莫斯科。在莫斯科度过了这次旅游的最后一天，也是最难忘的一日！

首先见到了梦寐以求的莫斯科红场，才知道这红场大大不同于我们天安门广场。

在红场拜谒了列宁墓，瞻仰了列宁遗体。

瓦西里升天大教堂背后的故事

莫斯科红场上有不少著名的建筑物，风格特异的是这座瓦西里升天大教堂。这座教堂是伊凡雷帝为了纪念1552年战胜喀山鞑靼军队而下令建

筑的。教堂中间是一个带有大尖顶的教堂冠，八个带有不同色彩和花纹的小圆顶错落有致地分布在它的周围，再配上九个金色洋葱头。这种建筑风格的确举世无双。

瓦西里大教堂的任何一面都是正面，没有正面、侧面和背面之分。教堂中间那个带有大尖顶的教堂冠，象征着上帝的至高地位；周围八个不同色彩和花纹的小圆顶，分别代表一位圣人。听说为了保证不再出现同样的教堂，伊凡大帝残酷地刺瞎了所有建筑师的双眼，因此背负上“恐怖沙皇”的恶名。

最后一天在莫斯科了，免不了要购物，莫斯科这家古姆商场可是好去处。三条大长廊，别有洞天，净是贵重的好东西。我们只买了点巧克力。

俄罗斯今日的境况

俄罗斯(Russia)古称罗刹国。这个称呼原是中原人早期通过接触俄罗斯的蒙古族人学来的,清朝康熙年间以后才改称其为俄罗斯。

俄罗斯虽然只占原苏联领土面积的 76.3%,但仍然是世界上面积最大的国家(克里米亚的加入又增加 2.55 万平方公里)。俄罗斯不但地域辽阔,自然资源也极其丰富。俄自然资源种类多,储量大,自给程度高。石油和天然气探明储量均居世界第一位;铁蕴藏量居世界第一位;煤和铝蕴藏量居世界第二位;水力资源也居世界第二位。森林覆盖面积占国土面积的比例达 50.7%。

不管是帝俄还是苏联时期,俄罗斯都曾有过灿烂的辉煌。斯大林为了赶超美国的曼哈顿曾大兴建筑,图片中的七姐妹大楼蔚为壮观。听说赫鲁晓夫时期兴建的公寓房(相当于中国20世纪五六十年代建的筒子楼),直到今天还炙手可热。

俄罗斯国旗有白、蓝、红三色,象征其国土跨寒带、亚寒带和温带,也象征俄罗斯历史的悠久和对人类文明的贡献。但俄罗斯也应直面自己的问题。去的时候,正逢上全国严令戒酒。白天大街上、一般饭馆里一律不许喝酒精类饮料。酗酒的民族是没有前途的。不过连游客都划入在禁之列,是不是有点太过了吧?我们只在涅瓦河船上品尝了一点。而且听导游说,俄罗斯人一周上班时间有限,从周四就都在筹划去乡下别墅度周末了。在北欧,司机别看都开豪华大巴却主动装卸行李箱,但所遇到的俄国司机都开的是二手车,给小费也不干装卸活儿。

9月6日从莫斯科胜利返回。这可是一次长途跋涉!途经6国,往返12天,动用了陆海空,了结了一段情结,去掉了一个念想,留在脑子里一些无穷的回味。